明文東洋古典

新完譯

忠經·孝經

文博 · 서울大教授 金 學 主 譯著

明文堂

忠經

孝經

머 리 말

〈충〉·〈효〉는 본시가 봉건시대의 윤리였던 것은 사실이다. 그리고 이것이 지난 날 우리 선인들의 아름다운 윤리도덕이었던 것도 사실이다. 시대적인 상황은 크게 변하였지만, 지금 우리는 과거 우리 선인들의 여러 가지 사상을 올바로 파악하여 그것을 현대에 되살려 참된 우리의 것을 이룩해야만 할 시점에 와 있는 것이다. 그러나 〈충〉·〈효〉가 한(漢)대 이후 봉건군주전제(封建君主專制)에 영합하는 윤리로서 강조되어 왔던 것이라면, 그것을 현대에 그대로 부활시킬 수는 없는 것이다. 우리는 먼저 〈충〉·〈효〉의 본 뜻이 무엇이며, 어떠한 시대적 의의를 지니고 있는가, 지금 우리에게는 그 잔재(殘滓)가 어떤 형식으로 남아 있는가 하는 문제들을 검토하여야만 할 것이다.

〈충〉의 「충실」 또는 「성실」의 본 뜻에는 큰 변화가 없을는지 모르지만, 나라의 정치 체제가 바뀐 이상 「나라를 위한 충성」에는 그 개념이나 방법에 있어 큰 변화가 없을 수 없을 것이다. 부모와 자식의 정에는 기본적으로 옛날이나 지금이나 변화가 없을는지 모르지만, 가족제도와 사회 풍습의 변화 때문에 우리는 옛 사람들과 똑같은 〈효〉를 지금도 고집할 수는 없다.

따라서 옛 〈충〉·〈효〉 사상에 대한 연구가 선행되어야만 그 현대적 의의가 발견될 수 있을 것이고, 또 그것을 어떻게 되살려야 할 것인가 하는 문제도 해결될 것이다. 근자에 발표된

〈충〉·〈효〉에 관한 여러 가지 글들을 보면 이것이 바로 「하늘의 법도요 땅의 원리」라는 옛날의 절대적인 윤리관을 그대로 받아 들이는 이가 있는가 하면, 〈충〉의 순결성의 일면이나 〈효〉의 애정관계만을 받아 들이는 이가 있고, 반대로 이것들은 낡은 봉건시대의 유물이라고 깨끗이 부정해 버리는 이들도 있다. 아직도 그 시대적인 의의는 종합(綜合)되지 못하고 있는 듯한 느낌이다. 이것은 성리학(性理學)을 연구하는 학자들은 성리학에 경도(傾倒)해 버리고, 도교나 불교를 연구하는 학자들은 도교나 불교에 경도해 버리는 것같은, 우리 학계에 아직도 남아 있는 연구 대상에 대한 객관적인 비판정신의 결여 경향 때문이 아닌가 한다.

여기에 《충경》과 《효경》을 번역 소개하는 것은, 그 본래의 뜻과 사상을 올바로 이해하고 연구할 수 있는 자료를 제공하자는데 그 목적이 있다. 《충경》과 《효경》을 통하여 〈충〉·〈효〉의 본 뜻과 그 시대적인 의의를 올바로 파악하는 사람이 많아야만 〈충〉·〈효〉 사상은 현대에 되살아나 아름다운 우리의 윤리로써 작용할 수 있을 것이다.

이 두 책을 번역하는데 있어서 가장 큰 문제가 되었던 것은 《효경》에 있어서 어느 판본을 가지고 대본으로 삼아야 옳으냐고 하는 것이었다. 우리 나라에서는 이조(李朝)를 통하여 원(元)나라 동정(董鼎)이 주(注)를 단 「효경대의(孝經大義)」만이 주로 읽혀 왔었으므로, 우리 나라에 끼친 그 영향은 매우 크다고 하여야 할 것이다. 그러나 이 책의 경문(經文)은 주희(朱熹：一一三〇～一二〇〇)가 자의(自意)에 의하여 「경(經)」일장과 「전(傳)」십사장으로 정리한 《효경간오(孝經刊誤)》를 근거로 한 것이어서 《효경》 본래의 모습은 아닌 것이다. 《대학(大學)》의 경우와 마찬가지로 《효경》의 경문 개편도 성리학(性理學)의 학술적 체계화와 성리학을 바탕으로 한 경전(經典)의 새로운 이해 등을 위하여는 큰 업적으로 평가해야만 할 것이다. 그러나 여기에서는 〈효〉의 본 뜻을 알도록 하자는데 목표를 두었으므로, 되도록 옛 형식을 그대로 갖춘 판본을 택하는게 좋을 것으로 생각되었다. 그 결과 당(唐) 현종(玄宗)이 주를 달고 송(宋) 형 병(邢昺)이 소(疏)를 쓴 십삼경주소본(十三經注疏本) 《효경정의(孝經正義)》를 대본으로 삼게 된 것이다. 송대 이전에는 이 《효경정의》가 가장 전통적인 판본으로서 일반화되어 있었다.

《효경대의》를 번역 대본으로 택하지 않은 이유는 또하나 있다. 곧 《충경》이 십팔 장으로 이루어진 금문본 《효경》의 형식과 내용을 본떠서 쓴 것이기 때문에, 《충경》과 《효경》의 대조를 위하여는 《효경대의》보다도 「효경정의」쪽이 훨씬 편리하다는 이유이다. 《효경》은 금문본과 고문본의 경문의 차이가 그다지 심하지 않기 때문에, 〈효〉의 고전적 의의를 이해하려는데 있어서는 어느 쪽의 것을 읽든 큰 상관은 없다.

《충경》은 우리 나라에 처음으로 번역 소개되는 것으로 안다. 〈충〉·〈효〉 사상의 본 뜻을 이해하려는 분들의 편의를 위하여, 이 두 가지 책을 한 권의 책으로 엮은 것이다. 〈충〉·〈효〉에 대한 올바른 인식을 위하여 얼마간이라도 공헌하게 되기를 빈다. 끝으로 〈충〉·〈효〉에 관한 공자의 본 뜻을 아울러 이해하는 데 편리하도록 《충경》과 《효경》의 뒤쪽에 각각 《논어(論語)》에 보이는 〈충〉과 〈효〉에 관한 말을 뽑아 번역하여 부록으로 붙였다. 좋은 참고자료가 될 것으로 믿는다.

다만 아직도 설익은 단계를 면치 못한 학력의 소유자라서 혹 번역이나 주석 또는 해설 등에 잘못된 점이 있지 않을까 걱정된다。독자 여러분의 기탄없는 가르침 있기를 바라는 바이다。

一九八五년 一월

金 學 主 삼가 씀

일러두기

① 번역의 대본으로는 《충경》은 「한위총서(漢魏叢書)」본, 《효경》은 십삼경주소(十三經注疏)에 든 당(唐) 현종(玄宗) 주, 송(宋) 형병(邢昺) 소(疏)의 《효경정의(孝經正義)》를 사용하고, 기타 판본을 참조하였음。

② 번역은 장별(章別)로 하고, 평이한 현대어를 사용하되 되도록 원문의 어순(語順)을 따르도록 노력하였음。

③ 원문에는 현대식 표점(標點)을 찍은 이외에, 되도록 현대화시킨 현토를 달았음。

④ 원문 이외에 《충경》에는 작자 서문과 명(明)대 한양(韓陽)의 간행 서문, 《효경》에는 송(宋) 형병(邢昺) 등의 《효경주소(孝經注疏)》 서문과 당(唐) 현종(玄宗)의 《어주(御注)》 서문을 번역하여 붙여 놓음으로써, 이 책들의 저작 동기와 간행의 의의 등을 알게 하였음。

⑤ 《충경》·《효경》 다같이 본래의 장명(章名) 아래 다시 현대적 제목을 붙여 놓음으로써

각 장의 대의(大義)를 짐작할 수 있도록 하였음.

⑥ 《충경》과 《효경》의 끝머리에는 참고로 《논어(論語)》에 보이는 〈충〉에 관한 말과 〈효〉에 관한 말들을 모두 뽑아 번역, 본문·주석·해설을 달아 놓았음. 이것은 공자의 〈충〉·〈효〉에 대한 개념과 《충경》·《효경》에 쓰여 있는 〈충〉·〈효〉의 개념을 독자 스스로가 비교할 수 있도록 하기 위한 것임.

⑦ 주석(註釋)은 본문까지 아울러 읽는 분을 위해서 달았으며, 되도록 간결히 설명하되 필요한 경우에만 그 전거(典據)를 표시하였음.

⑧ 각 장의 끝머리 해설은 그 장의 대의(大義)를 요약하는 한편, 본문에서 생략하고 있는 뜻을 밝히는 데 노력하였음.

目次

忠經·孝經

孝經

忠經

《충경(忠經)》 해제(解題)

1. 《충경》의 작자

《충경》은 구본(舊本)에 모두 한(漢)대 마융(馬融)이 짓고, 거기에 정현(鄭玄)이 주(註)를 단 것으로 되어 있다.

마융(七九~一六六)은 자가 계장(季長), 멋진 용모와 말재주에 뛰어난 재능까지 갖추고 있던 학자. 본시 지순(摯恂)에게 유학(儒學)을 배웠는데, 지순은 그의 재능에 탄복하여 사위로 삼았다. 후한 안제(安帝) 때의 영초(永初) 四년(一一〇)에 교서랑중(校書郞中)이 되었었는데, 원초(元初) 二년(一一五)에 외척(外戚)을 풍간(諷諫)하는 내용의 「광성송(廣成頌)」을 지어 바쳤다. 이로 말미암아 척신(戚臣)들의 미움을 사 십 년 동안 같은 자리에서 일하다가 마침내는 스스로 벼슬자리에서 물러났다. 그러나 태후(太后)가 그 말을 듣고는 불충(不忠)하다는 이유로 금고(禁錮) 六년의 형을 내렸다.

뒤에 태후(太后)가 죽고 안제(安帝)가 친히 정사를 돌보게 되었을 적에, 그는 「동순송(東巡頌)」을 지어 바쳤는데, 안제는 그 글을 읽고 그의 재능을 인정하여 낭중(郞中) 벼슬을 내렸다. 벼슬을 다시 세 번 옮긴 끝에 환제(桓帝) 때에는 남군(南郡) 태수(太守)가 되었었으나 대장군(大將軍) 양기(梁冀)의 미움을 사 삭방(朔方)으로 귀양을 가게 되었다. 마융은 이 때

자결(自決)을 시도하기까지 했었으나 다행히도 죽지는 않았다.

뒤에 죄를 용서받고 돌아와 의랑(議郞) 벼슬을 받고 다시 동관(東觀)에서 교서(校書)와 저술(著述)에 종사하다가 얼마 뒤에 병을 핑계로 벼슬자리에서 물러났다.

마융은 뛰어난 재능에 박학(博學)하여 그 시대의 가장 훌륭한 학자로 알려졌으며, 언제나 수천 명의 제자들이 그를 따랐는데, 그 중에서도 「효경」에 주를 단 정현(鄭玄)은 가장 뛰어난 학자로 알려졌다. 그의 생활은 낭만과 사치를 극하여 선비로서의 세속(世俗)적인 생활풍습과는 달리 금(琴)을 잘 타고 저〔笛〕 불기를 좋아했으며, 언제나 화려한 장막과 사치스런 기복(器服)들로 가득 찬 속에 앉아 뒤 편에는 여악(女樂)을 줄지어 있게 하고는 제자들을 대하였는데, 제자들 중에는 그의 방안에 들어가 보지도 못하는 자들이 허다하였다 한다.

그의 저술로는 《삼전이동설(三傳異同說)》과 부(賦)·송(頌) 등 二一편의 글이 있고, 《효경(孝經)》·《논어(論語)》·《시경(詩經)》·《역경(易經)》·《삼례(三禮)》·《상서(尙書)》·《열녀전(列女傳)》·《노자(老子)》·《회남자(淮南子)》·《이소(離騷)》· 등에 관한 주(注)를 남기고 있다.

정현(鄭玄 : 一二七~二〇〇)은 자가 강성(康成)이며, 마융에게 사사(師事)하였다. 그러나 정현이 삼 년의 공부를 마치고 자기 고향(동쪽의)으로 돌아갈 때에는 스승인 마융이 「정생(鄭生)이 지금 떠나가면 나의 학문도 동쪽으로 함께 가버리는 셈이!」고 말하였다 한다. 고향으로 돌아온 그에게도 천 수백 명의 제자들이 따랐으며, 북해상(北海相) 공융(孔融)은 그를 존경한 나머지 고밀현(高密縣)에 그를 위해 일부러 정공향(鄭公鄕)이란 고을을 마련해 주었었고, 황건적(黃巾賊)이 온 세상을 어지럽히고 있었을 적에도 난적(亂賊)들조차 그의 고을은

침범하지 않기로 묵계(默契)가 되어 있었다 한다。 헌제(獻帝)의 건안년간(建安年間 : 一九六~二一九)에 대사농(大司農)이란 벼슬이 내려졌었으나 얼마 안 있어 죽었다。

정현의 중국 학술상의 업적은 전무후무(前無後無)하다고 하리만치 위대하다。 그의 저서로는 《천문칠정론(天文七政論)》·《노례체협의(魯禮禘祫議)》·《육예론(六藝論)》·《모시보(毛詩譜)》·《박허신오경이의(駁許愼五經異議)》 《답임효존주례난(答林孝存周禮難)》 등이 있고、《주역(周易)》·《상서(尙書)》·《모시(毛詩)》·《의례(儀禮)》·《예기(禮記)》·《논어(論語)》·《효경(孝經)》·《상서대전(尙書大傳)》·《중후건상력(中候乾象曆)》 등에 관한 주(注)를 남기고 있다。

이처럼 마융과 정현은 〈충〉을 본격적으로 숭상하기 시작한 한(漢) 일대의 대유(大儒)들이므로 《충경》의 작자로서 가장 어울리는 학자들이라 할 것이다。 그러나 《후한서(後漢書)》 마융전(馬融傳)과 정현전(鄭玄傳) 또는 《정지(鄭志)》 목록(目錄) 등을 보면 마융의 저서나 정현의 주서(注書)로써 《충경》이 수록되어 있지 않다。 따라서 《사고전서총목(四庫全書總目)》 자부(子部) 유가류존목(儒家類存目)의 《충경》에 대한 해제에서 설명하고 있듯이、《수서(隋書)》 경적지(經籍志)와 《당서(唐書)》 예문지(藝文志)에는 《충경》이 보이지 않고 송(宋)대의 《숭문총목(崇文總目)》에 비로소 그 이름이 보이고 있으니 송(宋)대 사람이 그들의 이름을 빌어 위작한 것일 가능성도 있다。 그러나 모두 확실한 증거가 있는 주장들은 아니다。

二、《충경》의 내용

《충경》은 대체로 《효경》 一八장의 형식을 본 떠 지은 것이어서 역시 一八장으로 이루어져 있다。 그 내용을 분석하여 보면 대체로 다음과 같다。

첫째 : 제一장 천지신명(天地神明)은 〈충〉의 기본론(基本論)으로 《충경》의 서론(序論)에 해당한다。

둘째 : 제二장 성군(聖君)・제三장 총신(冢臣)・제四장 백공(百工)・제五장 수재(守宰)・제六장 조인(兆人)은 각각 임금・대신・관리・지방 수령・백성 등의 〈충〉을 논하고 있어 《충경》의 각론(各論)에 해당한다。

세째 : 제七장 정리(政理)・제八장 무비(武備)・제九장 관풍(觀風)은 일반 정치에 대한 충론(忠論)이며, 제一〇장 보효행(保孝行)은 〈효〉와 〈충〉과의 관계를 논하고, 제一一장 광위국(廣爲國)・제一二장 광지리(廣至理)・제一三장 양성(揚聖)은 임금이 시정을 하는데 있어서의 〈충〉을 논한 것으로 각각 관리의 등용, 공평무사(公平無私)한 자세, 임금으로서의 덕을 닦을 것 등을 논하고 있으며, 제一四장 변충(辨忠)은 인(仁)・지(知)・용(勇) 같은 일반 윤리와 〈충〉의 관계를 설명한 것이고, 제一五장 충간(忠諫)・제一六장 증응(證應)・제一七장 보국(報國) 등은 신하로써 나

라의 정사를 돕는 데 있어서의 〈충〉을 논한 것으로 각각 올바르게 간할 것, 〈충〉을 지키는 사람에게는 응분의 보답이 온다는 것, 언제나 나라를 위하려는 마음가짐을 가져야 한다는 것 등을 논하고 있다. 따라서 이상은 〈충〉에 대한 일반론(一般論)이라 할 수 있다.

네째 : 제一八장 진충(盡忠)은 임금으로부터 신하와 백성에 이르기까지 누구나 언제건 〈충〉을 다하여야 함을 역설한 결론(結論)에 해당하는 부분이다.

한편 지금 우리에게 전하는 《효경》도 그 구성이나 장명(章名)이 이상의 《충경》과 아주 흡사하다.

첫째 : 제一장 개종명의(開宗明義)는 《효경》의 서론에 해당하며, 장명이 넉자로 이루어진 것도 《충경》과 같다.

둘째 : 제二장 천자(天子)·제三장 제후(諸侯)·제四장 경대부(卿大夫)·제五장 사(士)·제六장 서인(庶人)이 천자로부터 서인에 이르는 여러 계층 사람들의 〈효〉를 논한 각론에 해당하는데, 《충경》의 경우도 그러하였다.

세째 : 제七장 삼재(三才)에서 제一七장 사군(事君)에 이르는 부분이 《충경》과 같이 〈효〉의 일반론에 해당하는 부분인데, 《효경》의 제一〇장 기효행(紀孝行)(→保孝行)·제一二장 광요도(廣要道)(→廣爲國)·제一三장 광지덕(廣至德)(→廣至理)·제一四장 광양명(廣揚名)(→揚聖)·제一五장 간쟁(諫諍)(→忠諫)·제一六장 감응(感應)(→證應)

등 장명도 《효경》과 비슷한 것이 많다.

네째 : 제一八장 상친(喪親)은 부모가 돌아가신 뒤의 〈효〉, 곧 상제(喪祭)에 관한 기록인데, 《충경》의 결론 부분이라 한 끝머리 진충(盡忠)장과 호응하는 것이다.

이상 겉으로 들어나는 《충경》의 장명과 구성만을 놓고 보더라도 그것은 《효경》을 아주 비슷하게 본떠서 쓴 책임에 틀림 없음을 알 수가 있을 것이다.

三, 《충경》의 가치

그러나 《사고전서총목제요(四庫全書總目提要)》 권九五 자부(子部) 유가류존목(儒家類存目) 속에 들어 있는 《충경》에 대한 해제를 보면, 다음과 같이 이 책에 대한 의심을 노골적으로 표시하고 있다.

「구본(舊本)에는 한(漢)의 마융(馬融)이 짓고 정현(鄭玄)이 주를 단 것으로 되어 있으나, 그 글은 《효경》을 본떠 십팔장(章)으로 이루어져 있는데 경(經)과 주(註)가 한 사람 손에서 나온 듯하다. 마융의 저술에 대하여 살펴보면 그것들은 모두가 《후한서(後漢書)》 본전(本傳)에 실려 있다. 정현이 주석(註釋)한 것은 《정지(鄭志)》의 목록(目錄)에 더욱 상세히 실려있다. 《효경》의 주가 정현에 의탁(依託)된 것임은 유지기(劉知幾)가 이미 열두가지 증거를 들어 증명하였고, 그 글은 《당회요(唐會要)》에 전부가 실려있다. 그런데 《충경》의 주같은 게 어디에 있었겠는가? 《수서(隋書)》와 《당서(唐書)》의 경적지(經籍志)에도 모두 수록(收錄)되어 있지 않고, 《숭문총목(崇文總目)》(宋 王堯臣 등이 奉勅하여 편찬, 일단 없어진 것을 淸代에 다시 輯釋한게 전함)에 비로소 이 책 이름이 열거되어 있으니, 이것이 송(宋)대의 위서(僞書)임이 거의 의심 없는 일이다. 《옥해(玉海)》에는 《송양조지(宋兩朝志)》를 인용하여 해붕(海鵬)의 《충경》을 재록(載錄)하고 있다. 그러니 이 책은 본시 작자도 있고 위조한 것도 아니었는데, 후세 사람들이 마융과 정현을 거짓으로 끌어다 대고 원작자의 이름은 없애 버리어 도리어 진본(眞本)을 위서(僞書)로 만든 것이다.』

곧 기윤(紀昀)의 생각에 의하면 이 《충경》은 한(漢)대의 저술이 아니라 송(宋)대의 저술이라는 것이다. 그가 확실한 증거를 제시하고 있다고까지 할 수는 없지만 거의 틀림 없는 논단(論斷)이라고 할 수 있다. 그러나 《충경》과 함께 이 책 자부(子部) 유가존목(儒家存目)에 수록된 《공자가어(孔子家語)》나 《공총자(孔叢子)》나 마찬가지로, 이것들이 설사 위서(僞書)라 할지라도 전혀 무가치한 것이라고 내 버릴 수는 없는 일이다. 왜냐하면 대부분의 위서들이 그 책의 저술에 있어 그 책의 작자나 그 작자의 시대의 자료나 적어도 거기에 알맞는 자료들을 동원하여 그 책을 만들고 있기 때문이다.

설혹 《충경》이 한대의 마융에 의하여 저작되지 않고 송대에 이루어진 책이라 하더라도, 이 책의 내용이 한대에 들어와 새로이 강조되기 시작한 유가의 〈충〉이라는 윤리의 기본 성격을 해설하고 있고, 《효경》과 함께 한대 이후 유가의 대표적인 윤리사상의 바탕을 해설한 경전으로서 쌍벽(雙璧)을 이루고 있음에는 틀림없는 것이다. 곧 《충경》은 《효경》이 작자로서 옛날부터 공자(孔子)를 내세우고 있지만 실제로는 훨씬 후세에 이루어진 것일 가능성이 많은 것(《효경》해제 참조)과 거의 비슷한 시대적 사상적 배경을 지닌 책인 것이다。

한(漢) 무제(武帝)가 유가사상을 자기네 정치이념의 바탕을 이루는 학문으로 정립한 이래 이천 여년의 중국 역사를 통하여 유가사상은 중국의 정치 사상과 사회 윤리를 뒷받침하는 학문으로 군림해 왔다。 본시 공자의 이상은 주(周)나라 초기의 봉건정치(封建政治)를 부활시킴으로써 춘추시대(春秋時代)의 혼란을 수습하려는 것이었음을 생각할 때、 공자의 유가사상이 이처럼 중국의 군주전제(君主專制)를 옹호하고 설명해 주는 학문으로 변하였다는 것은 그 유가사상 자체의 변혁을 뜻한다고 할 수가 있을 것이다。 그 중에서도 여기에 번역한 《충경》과 관계가 깊은 변혁은 그 윤리사상이라 할 것이다。 윤리사상에 있어서도 가장 두드러진 변혁의 하나는 인(仁)·의(義)·예(禮)·지(智) 등 여러 가지 유가의 덕목(德目) 중에서 특히 〈충(忠)〉과 〈효(孝)〉가 무엇보다도 강조되기 시작하였다는 것이다。

공자의 〈충〉에 대한 개념은 뒤의 부록 《논어(論語)》에 보이는 공자의 충론(忠論)을 통해서 알 수 있는 바와 같이 본시 「충실(忠實)」、「성실(誠實)」、「충정(忠正)」 등의 뜻을 지닌 것이었다。 간혹 공자도 나라나 임금에 대한 「충성(忠誠)」을 얘기하고 있기도 하지마는、 그것도 개인의 의무와 책임을 다하려는 「성실한 마음 가짐」을 근거로 한 것이다。 《충경》의 제一장 천지신명(天地神明)에서 〈충〉을 「중정(中正)한 것」 「마음을 하나로 하는 것」 「마음을 다하는 것」 등으로 풀이하면서、 그것이 하늘의 뜻과 자연의 섭리(攝理)에서 법도를 취한 것이라고 기본적인 뜻을 설명하고 있는 것도 그 때문이다。 그러나 한대에 와서는 그러한 일차적인 뜻보다도 전제군주(專制君主)를 중심으로하는 새로운 정치상황을 옹호하기 위하여 신하나 백성으로서 임금이나 나라를 위한 절대적인 「충성」이라는 〈충〉의 이차적인 개념이 더욱 강조되게 되었던 것이다.

〈효〉의 경우도 공자는 부록의 「논어에 보이는 공자의 효론(孝論)」에 보이는 바와 같이 부모와 자식 사이의 자연스런 관계를 바탕으로 한 〈효〉를 강조하였다. 그러나 한대 이후로는 부모에 대한 자식으로써의 무조건의 의무로서의 〈효〉라는 개념이 강조되기 시작하였다. 곧 〈효〉도 그 기본적인 뜻보다도 그 이차적인 뜻이 중시되었던 것이다. 이것은 〈충〉의 강조를 근거로 한 「삼강오륜(三綱五倫)」이라는 새로운 유가 윤리의 확립을 통해서 생겨난 일련의 경향이었던 것이다.

한편 중국의 유가 경전(經傳)들은 말할 것도 없고 선진(先秦) 제자서(諸子書)들까지도 거의 모두가 후세에 전해진 판본들은 한대에 확정(確定)된 것들이다. 실상 한대 이전에 확정되었다고 생각되는 판본은 한 가지도 전해지는게 없는 실정이다. 이것은 한대 이전에 쓰여졌다고 알려진 유가 경전이라 하더라도 그 편찬이나 정리 또는 해석을 통해서 후세에는 한대 학자들의 영향이 눈에는 뜨이지 않지만 크게 작용하고 있음을 뜻한다. 말을 바꾸면 지금 우리의 선진(先秦) 유가사상의 이해에도 이미 한대 학자들의 영향이 크게 작용하고 있음을 뜻하는 것이다. 그러기에 한대 학자들의 저술은 중국·학술사상 유가의 경전들에 버금가는 중요한 지위를 차지한다 할 것이다. 특히 〈충〉이라는 유가의 덕목(德目)이 한대로부터는 인의(仁義) 못지 않게, 실제로는 그것보다도 더 강조된 윤리라면 마융(馬融)의 이름 아래 전하는 《충경》은 충분히 연구할 만한 대상이 되는 것이다. 이 책이 후 마융이 아닌 후세인의 손에 의하여 이룩된 것이라 하더라도 한대 이후 유가의 〈충〉의 개념이 경전 형식으로 가장 체계적으로 잘 정리된 책이 이 《충경》임을 부인할 길은 없는 것이다.

우리는 이 책을 통하여 한대 이후 이천 여년의 역사를 통하여 중국 윤리의 바탕이 되어온 〈충〉의 사상을 더욱 구체적으로 이해할 수 있게 될 것이다.

《충경(忠經)》 작자 서문

《충경》이란 《효경(孝經)》을 바탕으로 나온 것이다. 공자(孔子)의 〈효(孝)〉에 대한 해설은 임금을 섬기는 뜻의 근거가 되고 있으니, 〈효〉라는 것은 〈충(忠)〉이 있어야만 이루어지고, 또 임금과 부모의 은혜에 보답하고 신하와 자식으로서의 본수를 밝히는 근거가 됨을 알게 된다. 〈충〉이란 나라에 있어서 버릴 수가 없는 것이고, 〈효〉란 집안에 있어서 게을리 할 수가 없는 것이다. 그런데 〈효〉에 대하여는 이미 경(經)이 있지마는 〈충〉에 있어서는 경이 없다. 그러므로 공자(孔子)의 이론을 전술(傳述)하여 《충경》을 저술한 것이다.

지금 황상(皇上)께옵서는 복희(伏羲)·황제(黃帝)와 같은 자세를 지니시고, 요(堯)·순(舜)과 같은 덕을 밝으시어, 현명한 사람들로 하여금 보필(補弼)케 하고 능력있는 사람들로 하여금 일하게 하시며, 먼 곳의 사람들이라 하더라도 빠짐 없이 등용(登用)하고 계시니, 〈충〉과 〈효〉는 온 천하가 모두 떠받들고 있다.

신(臣) 마융(馬融)은 초야(草野)에 있는 신하로서 성품도 어리석고 졸박(拙朴)하나 은덕(恩德)과 혜택(惠澤) 속에 살고 있거늘 어찌 가만히 있을 수가 있겠는가? 이 《충경》을 지어 얼마간이라도 보익(補益)이 되기를 바라는 바이다. 비록 그렇다 하더라도 문장과 논리가 시원찮고 비루(卑陋)하여 경(經)으로서는 어울리지 못할는지 모르겠다. 〈충〉의 준제 의의는 신

(善)을 권면(勸勉)하는데 있는데, 선을 권면하는데 있어서 위대한 것으로서 〈충〉과 〈효〉보다 더한 것이 어디 있겠는가?

〈충〉의 높고 낮은 효용을 정함으로써 각 장(章)의 제목을 삼았고, 《시경(詩經)》과 《서경(書經)》을 인용함으로써 그 강령(綱領)을 밝히었다. 나는 옛날 기록을 스승으로 삼고 썼으니, 어찌 감히 근거 없는 말을 하였겠는가? 간혹 같지 않은 것이 있는 것은 시대변화에 알맞추기 위한 것이었다. 혹은 옛 것에 대비시켜 그 뜻을 표현하고, 혹은 옛 것의 표현을 바꾸어 그와 비슷한 부류의 일을 쓰기도 했으며, 혹은 옛 글을 줄이어 그 문장을 간화(簡化)하기도 하였고, 혹은 옛 글에 말을 더 보태어 어떤 일은 더 자세히 설명하여, 〈충〉을 〈효〉와 대응(對應)이 되도록 하였다. 또한 십팔장(十八章)으로 이루어져, 그 지극히 공정(公正)함을 크게 들어내고 그 지극한 정성(精誠)과 신의(信義)에 힘쓰게 하는 근거가 되며, 정치를 하는 대체(大體)의 근본을 논술하고 임금을 섬기는 요도(要道)를 논함에 있어, 덕(德)을 닦는 데서 시작하여 공(功)을 이룩하는 데서 끝맺었으니, 이것이 《충경(忠經)》의 뜻인 것이다.

후한(後漢) 남군(南郡) 태수(太守). 마융(馬融) 삼가 씀.

《충경(忠經)》 간행 서문

《충경》이란 한(漢)나라의 남군(南郡) 태수(太守)를 지낸 마계장(馬季長 : 名融)선생의 저술이다. 선생께서는 재능이 특출하고 학문이 깊어서 그 시대의 가장 존경받던 선비였다.

사람이 이 세상에 나서 하늘과 땅 사이에 끼어 함께 삼재(三才)라 불리우게 된 것은 그들에게 〈충〉과 〈효〉가 있기 때문이다. 〈효〉에 대하여는 공자와 증삼(曾參 : 공자의 제자)이 묻고 대답한 것이 한 경(經) 속에 십팔장(十八章)으로 나뉘어 설명되어, 그 뜻이 다 갖추어져 있다고 하겠다. 〈충〉에 대하여는 비록 경전(經傳)과 옛 책들에 많은 기록이 섞이어 있기는 하지만 완전한 전문서가 없었다.

그러나 마계장(馬季長)선생이 한(漢)대의 평화로운 세상에 나시어, 멀리 공자의 학문을 조종(祖宗)으로 받들고 《효경》을 본떠서 《충경》을 지으셨다. 내용이 자세하고 이론이 다 갖추어진 십팔장(十八章)으로 이루어진 것인데, 문인(門人)인 정현(鄭玄)이 다시 거기에 주해(註解)를 달았다. 이 책이 얼마나 세상을 바로잡고 교화(敎化)를 이룩하며, 후생들에게 아름다운 혜택을 주는데 공헌했는지 모를 일이다.

아깝게도 책이 지어진 뒤 시대가 멀어지면서 그 책도 잃어져 갔다. 자제(子弟)들은 책을 읽고 공부함에 있어 〈효〉를 행하는 바탕이 되는 《효경》에 대하여만 알았지 〈충〉을 행하는 바탕이 되는 《충경》에 대하여는 알지를 못하게 되었으니, 옛 현인(賢人)의 경(經)을 지은 뜻에 매우 어두어졌던 것이다.

내가 어렸을 때 선친(先親)께서는 이 경서(經書)를 내주시면서

「〈효〉란 〈충〉의 근원이고, 〈충〉이란 〈효〉의 추진자(推進者)이니, 이 두 경서는 언제나 병행(並行)시켜 공부해야지 한 편에만 치우쳐도 안되는 것이다.」

고 하셨다. 그래서 나는 이미 여러 해를 두고 삼가 읽고 공부하였다.

지금 나는 소주(蘇州)의 향학(鄕學)에 봉직하고 있는데, 조정(朝廷) 대신의 추천으로 어명(御命)을 받들어 이 고장을 와서 다스리고 있는 춘관(春官) 황후(況侯)를 뵐 기회를 갖게 되었다. 그분은 벼슬자리에서 직책을 수행함에 있어 언제나 나라를 위하고 백성을 위하는 정치를 하시어 언제나 〈충〉과 〈효〉를 앞세우셨다. 그분이 지은 시 가운데

「나라에 보답하려는 한 마음 언제나 다할 것이며,
어버이 그리는 두 줄기 눈물 언제면 마를 것인가?」
(報國一心何日盡, 思親雙淚何時乾?)

하는 귀절이 있으니, 끊임 없이 자기의 정성(精誠)을 다하는 품이 이들 경전의 내용과 꼭 들어 맞는다. 이에 《충경》 한 권을 잘 베끼어 보시도록 갖다 바쳤다. 황후(況侯)께서는 매우 기뻐하시면서 공(功)을 이룩하고 교화(敎化)를 완성케 하는 책이니 다시 간행(刊行)하여 후학(後學)들에게 널리 읽혀야 되겠다고 하시며, 곧 이의 교정(校正)을 명하시어 이 책 간행의

발단이 되었었다。

아아、 선현(先賢)들의 글이란 후현(後賢)들의 옛 것에 대한 숭상이 아니라면 전해질 수가 없고、 후현(後賢)들의 학문이란 선현(先賢)들이 끼치신 가르침이 아니라면 밝아질 수가 없는 것이 아닌가! 어찌하여 《충경》은 세상에서 없어지고 전해지는게 드물어져 그것을 읽는 이가 적어진지 천 여년(千餘年)이나 되었는가? 황후(況侯)께서는 이 경(經)은 사람들이 자신을 규율(規律)하는 근본이 되는 것이니、 이로써 후학(後學)들을 널리 깨우쳐 줌으로써 〈충〉을 다하는데 도움이 되게 하고자 하셨다。 이로써도 우리 조정(朝廷)에서는 충성을 다하는 기풍을 길러 주려는 노력이 지난 시대보다도 훨씬 더함을 알 수가 있을 것이다。

세상의 학자들이 《효경》을 공부하고 나서는 다시 《충경》의 뜻을 익히어 널리 확충(擴充)시켜 나감으로써、 위로는 올바로 하늘을 섬기고 임금을 받들게 되고、 아래로는 자기 어버이를 영광되게 하며 자신의 행실을 보전(保全)하여、 모두 자신의 마음을 다함으로써 언제나 지극히 훌륭한 경지(境地)에 처신(處身)하게 되기를 바란다。 그러면 이 경서도 세상에의 보익(補益)이 작다고 할 수 없게 될 것이다。

선덕(宣德) 갑인(甲寅：一四三四) 겨울 시월 초하루

회계(會稽)의 한양(韓陽)이 삼가 씀。

제一장 천지신명(天地神明)

~〈충〉의 기본원리~

옛날 지극한 이치가 실현되었을 적에는 위 아래가 한 덕(德)이 됨으로써 하늘의 훌륭하신 뜻을 밝히었는데, 이것이 〈충〉의 도인 것이다. 하늘이 위를 덮고 있고, 땅이 만물을 싣고 있고, 사람들이 살아나가는 데에 있어서 〈충〉보다 위대한 것은 없는 것이다.

〈충〉이란 것은 중정(中正)의 뜻이니, 지극히 공평하고 무사(無私)한 것이다. 하늘은 무사하여 사철을 운행(運行)케 하고 있고, 땅은 무사하여 만물을 생존케 하고 있으니, 사람도 무사하면 크게 형통(亨通)하고 바르게 되는 것이다.

〈충〉이란 것은 또 그 마음을 하나로 하는 것을 말한다. 나라를 다스리는 근본을 볼 때 그 무엇이 〈충〉으로 말미암지 않는게 있는가? 〈충〉은 임금과 신하 사이를 굳건히 해주고, 나라를 평안히 해주며, 하늘과 땅도 감응(感應)케 하고, 신명(神明)도 감동시키는 것이니, 하물며 사람에게 있어서야 어떠하겠는가? 〈충〉이라는 것은 자신(自身)에게서 일어나 집안을 통해서 정착(定着)되고 나라를 통해서 성취(成就)되는 것인데, 그 행동은 모두가 하나인 것이다. 그러므로 그 자신이 마음을 하나로 하는 것은 〈충〉의 시발(始發)이며, 그 집안이 마음을 하나로 하는 것은 〈충〉의 중간 단계이며, 그 나라가 마음을 하나로 하는 것은 〈충〉의 최종

단계이다。 자신이 마음을 하나로 하면 온갖 복록(福祿)을 받게되고、 집안이 마음을 하나로 하면 온 친족이 화목하게 되며、 나라가 마음을 하나로 하면 만인(萬人)이 잘 다스려지게 된다。《서경(書經)》에도 말하기를、「오직 마음을 정성되고 하나가 되게 함으로써、 진실로 그 중정(中正)함을 지켜야만 한다」고 하였다。

昔在至理에、 上下①一德②하여、 以徵③天休④하니、 忠之道也니라。 天之所覆과、 地之所載⑤와、 人之所履⑥에、 莫大乎忠이니라。

忠者는、 中也요、 至公無私니라。 天無私하니、 四時行也요、 地無私하니、 萬物生이오、 人無私면、 大亨貞⑦하니라。

忠也者는、 一其心之謂矣이니라。 爲國之本이、 何莫由忠가? 忠能固君臣하고、 安社稷⑧하며、 感天地하고、 動神明하니、 而況於人乎아? 夫忠興於身하여、 著於家하고、 成於國이나、 其行一焉이니라。 是故로 一於其身은、 忠之始也요、 一於其家는、 忠之中也요、 一於其國은、 忠之終也니라。 身一則百祿至하고、 家一則六親⑨和하며、 國一則萬人理하니라。 書云⑩、 惟精惟一하여、 允⑪執厥⑫中하라 하니라。

〔註〕 ① **上下**(상하) : 위 아래、 다스리는 사람과 다스림을 받는 사람들。 ② **一德**(일덕) : 한 마음 같은 행위를 가리킴。 곧 온 국민이 총화(總和)를 이룬 상태를 뜻한다。 ③ **徵**(증) : 증명하다。 밝히다。 ④ **休**(휴) : 아름다움。 훌륭함。 天休는 하느님의 뜻이나 같은 말임。 ⑤ **載**(재) : 싣다。 땅은 그 위에 만물을 싣고 있는 상태이다。 ⑥ **履**(리) : 행하다。 밟다。 사람들이 움직이며 살아가고 있는 것을 가리

킴. ⑦ **亨貞**(형정) : 《역경(易經)》의 첫머리 「元亨利貞(원형이정)」에서 따온 말. 모든 일이 뜻대로 형통(亨通)하고 올바르게 되는 것. ⑧ **社稷**(사직) : 社는 토신(土神), 稷은 곡신(穀神)인데, 옛날 임금은 반드시 그 제단을 마련해 놓고 제사를 지내었다. 그래서 후세에는 사직이란 말이 나라를 상징하는 말로 쓰이게 되었다. ⑨ **六親**(육친) : 부모 형제 처자(《漢書》注), 부자 형제 부부(《漢書》補注), 아버지 형제·어머니 형제·자기 형제·아버지 여형제·처족·동서들(《左傳》昭二五年). 곧 모든 친족·친척들을 가리킨다고 보면 좋을 것이다. ⑩ **書云**(서운) : 《서경(書經)》 대우모(大禹謨)에 보이는 말, 「사람의 마음이란 위태롭기만 하고, 도를 지키려는 마음은 극히 희미한 것이니, 오직 정성되고 하나가 되게 함으로써 진실로 그 중정(中正)함을 지켜야만 한다」고 한 말에서 따온 것임. ⑪ **允**(윤) : 진실로. 정말로. ⑫ **厥**(궐) : 그. 其와 통함.

〔**解義**〕 《충경》의 첫 장에서는 먼저 〈충〉의 뜻을 설명하고 있다. 사람들이 살고 있는 이 세상에서 가장 위대한 원리가 〈충〉이며, 하늘의 뜻을 따라 이 세상의 평화를 이룩하는 것이 〈충〉의 도(道)라고 전제하고 있다. 유가(儒家)에서 내세우는 덕목(德目)중에는 〈충〉 이외에도 인(仁)·의(義)·예(禮)·지(智)·신(信)·효(孝) 등이 있지만, 특히 여기에서는 사람과 사회 또는 사람과 국가의 관계 면에서 이를 강조하고 있는 것이다.

후한(後漢) 허신(許愼)의 《설문해자(說文解字)》에서는 「〈충〉이란 공경함을 뜻하며, 마음을 다하는 것을 〈충〉이라 한다. 心에서 뜻을 취하였고 中에서 음을 취하였다(忠, 敬也 : 盡心曰忠。从心中聲。)」고 설명하고 있다. 그러나 「中」은 소리 만을 나타내고 있는 것이 아니라 역시 뜻도 나타내고 있는 것이다. 그러기에 《충경》에서는 먼저 「〈충〉이란 중(中)의 뜻」이라 해설하고 있는 것이다. 여기의 〈中〉이란 가장 알맞고 가장 올바른 「중정(中正)」의 뜻을 지니고 있다。 그리고 또 「충정하라」는 것은 「공평무사(公平無私)」를 말하는데, 그것은 하늘의 뜻과 자연의 기본 섭리(攝理)에서 법도를 취한 것이라는 것이다。 그 때문에 사람이 〈충〉이란 덕목을 실현할 때 그의 마음과 행동은 하늘의 뜻에 합치되어 모든 일이 잘 형통(亨通)되고 올바르게 된다는 것이다。

또 「〈충〉이란 것은 그 마음을 하나로 하는 것을 말한다」고 한 것은 「마음을 다하는 것을 〈충〉이라 한다」고 한 〈설문해자〉의 해설과도 통한다。 그래서 《서경(書經)》에서는 사람들의 마음에 대하여 「오직 정성되고 하나가 되게 한다(惟精惟一)」고 말한 것이다。 「마음을 다한다」는 것은 올바른 일에 대하여 「정성을 다한다」는 뜻이다。 그리고 「정성을 다하는」 마음이란 「하나가 되는」 수 밖에 없을 것이다。 개인적인 입장에서 볼 때 「마음을 하나로 한다」는 것은 하는 일에 한결같이 정성을 다하는 것을 뜻하지만, 집안이나 사회 같은 사람들의 집단에 있어서는 곧 그것은 「총화단결(總和團結)」을 뜻하는 것이 된다。 모든 사람이 올바른 길을 찾아 모두의 행복을 위하여 마음을 합치고 힘을 다한다는 것이다。 그 때문에 〈충〉은 개인을 대성(大成)케 하는 근본이 되는 한편, 집안을 화목하게 하고 나라를 편안케 하는 원리가 되기도 하는 것이다。

〈충〉이란 사람에게 뿐만이 아니라 하늘과 땅이나 신명(神明)에게까지도 통하는 위대한 덕성(德性)이다。 그런 뜻에서 〈충〉의 원리를 해설한 이 첫장의 제목을 「천지신명(天地神明)」이라 했을 것이다。

제二장 성군(聖君)

~임금으로서의 〈충〉~

인금이란 성덕(聖德)을 가지고서 만방(萬邦)의 본보기가 되어야만 한다。그리고 아래 백성들로부터 위 임금에 이르기까지 자기 분수가 있는 것이다。그러므로 왕자(王者)는 위로는 하늘을 섬기고 아래로는 땅을 섬기며 가운데로는 종묘(宗廟)를 섬김으로써 백성들을 대하여야만 한다。그러면 백성들은 그에 교화(敎化)되어, 은혜가 〈충〉을 다하여 윗사람을 떠받들게 되는 것이다。

그렇게 조심스러이 경계하고 살가면 그의 총명함이 날로 더하여져, 현명한 사람을 등용하고 능력 있는 사람에게 벼슬 자리를 주어 위대한 교화(敎化)를 펴 나가게 되며, 그 혜택은 오래도록 작용하여 백성들 모두가 그를 따르게 되는 것이다。그러므로 왕도(王道)가 크게 은세상에 행하여지고 후대에까지도 드날리게 되어, 나라를 보존하고 조상들을 영광되게 만들게 되는 것이다。이것이 성군(聖君)으로서의 〈충〉인 것이다。《시경(詩經)》에도 이르기를, 「밝게 하느님을 섬기어 많은 복을 누리게 되었다」고 하였다。

惟君以聖德으로、監①於萬邦이니라。自下至上으로、各有尊也니、故로 王者上事於天

하고、下事於地하며、中事於宗廟하여、以臨於人②이니라。則人化之하고、天下盡忠以奉上也니라。

是以로 兢兢③戒愼하여、日增其明하니、祿賢官能하고、式敷④大化하니、惠澤長久하고、黎民⑤咸懷⑥하니라。故로 得皇猷⑦丕丕⑧하여、行於四方하고、揚於後代하여、以保社稷하고、以光祖考하나니、蓋聖君之忠也니라。詩⑨云、昭事上帝하여、聿⑩懷多福이라하니라。

〔註〕① **監**(감)：감독하다。거느리다。鑑(감)과 통하여、거울이 되다。모범이 되다。② **臨於人**(임어인)：사람들에게 임하다。백성을 대하다。백성을 다스리다。③ **兢兢**(긍긍)：매우 조심하는 모양。④ **式敷**(식부)：式은 뜻 없는 발어사(發語辭)。敷는 펴다。시행하다。⑤ **黎民**(여민)：백성。벼슬 않는 서민들。⑥ **咸懷**(함회)：모두가 따르는 것。⑦ **皇猷**(황유)：위대한 도(道)。또는 왕도(王道)。⑧ **丕丕**(비비)：큰 모양。위대한 모양。⑨ **詩**(시)：《시경(詩經)》 대아(大雅) 대명(大明)시에 보이는 귀절。⑩ **聿**(율)：어조사。또는 마침내。

〔解義〕 〈충〉은 사람이라면 누구나 꼭 지켜야만 할 지극한 덕목(德目)이다。그러나 여기서는 먼저 「훌륭한 통치자」인 「성군(聖君)」이 지키고 행하여야만 할 〈충〉이란 어떤 것인가를 해설하고 있다。

통치자로서는 성덕(聖德)으로써 백성들을 다스리는 것이 〈충〉이다。그리고 성덕이란 하늘과 땅의 뜻을 받들고 조상들의 유업(遺業)을 계승하는 데서 이루어진다고 본 것이다。통치자가 이처럼 하늘과 땅과 조상들을 잘 섬기면 백성들은 자연히 자기네 윗 사람과 올바른 도리에 잘 따르게 된다。 이렇게 성실히 노력하며 나라를 잘 다스리면 백성들도 자연히 그를 따르게 되어、나라는 영원히 발전하며 조상에게 영광을 돌릴 수 있게 된다。 이렇게 하는 것이 통치자의 〈충〉이다。

〈충〉은 《시경(詩經)》의 말을 인용하여 「밝게 하느님을 섬기는 데」에서 시작한다고 하였다。 따라서 그것은 백성들보다도 다스리는 지위에 있는 사람들이 먼저 실천하지 않으면 안된다。 통치자가 〈충〉을 솔선수범(率先垂範)할 때 비로소 백성들도 〈충〉을 실천하게 된다。 〈충〉이란 신하나 백성들이 무조건 임금이나 나라를 위하여 자기를 희생하는 것만을 뜻하지 않는다。 그보다도 윗 자리 사람들의 아래 사람들을 올바로 거느리는 의무로써 〈충〉은 요구되고 있는 것이다。

제三장 충신(冢臣)

~대신으로서의 〈충〉~

신하로서 임금을 섬기는 것이 〈충〉의 근본이다. 근본이 선 뒤에야 교화(敎化)가 이루어진다. 대신(大臣)이란 임금과는 일체(一體)가 되는 것이라 할 수 있다. 아래에서 실행하는 것을 위에서는 그대로 신임하기 때문이며, 그러므로 신하는 〈충〉을 이룩하게 되는 것이다.

〈충〉이라는 것이 어찌 다만 자신을 잊고 임금을 받드는 것과, 집안을 잊고 나라를 위해 희생하는 것과, 정색(正色)을 하고 곧은 말만 하는 것과, 어려움을 당하여 죽음으로써 절조(節操)를 지키는 것들 뿐이겠는가? 〈충〉이란 조용히 숨어서 일을 피하고 남 모르게 그것을 실행하여, 나라를 바로잡고 백성들을 편안히 해 주는데 있는 것이다.

현명한 사람을 임명하여 다스리게 하면 올바르게 스스로 교화(敎化)된다. 그의 임금을 높이어, 위대하기 하늘과 땅처럼 되게 하고, 밝기 해와 달처럼 되게 하며, 조화를 이루기 음양(陰陽)의 변화처럼 되게 하고, 신망(信望)이 있기 사철의 운행처럼 되게 할 것이다. 그러면 성덕(聖德)이 세상에 흘러 넘치고 그를 송양(頌揚)하는 소리가 일어나게 될 것이다.

《서경(書經)》에 말하기를, 「임금님 밝으시니, 신하들도 훌륭하여, 모든 일 편안히 잘 되리로다」라고 하였다.

爲臣事君이、忠之本也니라。本立而後化成하니라。冢臣①於君은、可謂一體이니、下行而上信②、故로 能成其忠이니라。

夫忠者이、豈惟奉君忘身과、殉國③忘家와、正色直辭와、臨難死節已矣리오? 在乎沉謀潛運④하여、正國安人이니라。

任賢以原理면、端委⑤而自化니라。尊其君하여、有天地之大하고、日月之明하며、陰陽之和하고、四時之信하니라。聖德洋溢하여、頌聲作焉이리로다。

書⑥云、元首⑦明哉니、股肱⑧良哉하여、庶事康⑨哉리이다 하니라。

〔註〕① **冢臣**(총신)：나라의 대신(大臣)。② **下行而上信**(하행이상신)：정현(鄭玄)의 주에 「신하는 팔다리처럼 아래에서 움직이고、임금은 머리처럼 위에서 따라다님으로써、한 마음 한 몸이 되어 있음을 뜻한다」고 풀이하고 있다。③ **殉國**(순국)：나라를 위해 자신을 희생하는 것。④ **沉謀潛運**(침모잠운)：성실히 남의 눈에 띄지 않게 일을 꾀하고 남 모르게 올바른 일을 하는 것。⑤ **端委**(단위)：예의(禮衣)。뜻이 전하여 예와 도리에 맞는 것。⑥ **書**(서)：《서경(書經)》우서(虞書) 익직(益稷)편에 보이는 노래 가사。⑦ **元首**(원수)：우두머리。임금。⑧ **股肱**(고굉)：다리와 팔。신하에 비유한 말。⑨ **康**(강)：편안히 모든 일이 잘 되는 것。

〔**解義**〕 여기서는 대신(大臣)으로서의 〈충〉이란 어떤 것인가를 설명하고 있다。신하로서 임금을 섬기는 도리가 〈충〉인데、그 방법은 임금과 신하가 한 마음 한 뜻이 되어야만 한다는 것이다。첫 장에서 「충이란 것은 마음을 하나로 하는 것」이라 한 말이 생각난다。임금과 총

화를 이루도록 하는 것이 대신으로서의 〈충〉이라는 것이다.

한편 〈충〉은 성실한 것 곧 〈성(誠)〉의 성질을 지닌 것이어서 겉으로 드러나는 것이 중요하지 않다. 남 모르게 나라를 위하고 백성을 위하여 성실히 노력하는 자세가 중요하다. 따라서 나라를 위해 자기를 희생한다거나 나라나 백성을 위해 올바른 말을 많이 한다는 것은 〈충〉의 본질에서 볼 때 이차적(二次的)인 것이 되고 만다.

처음부터 〈충〉의 원리를 하늘과 땅이나 자연의 섭리에 결부시키고 있는 점이 주목을 끈다. 첫 장 첫 머리에서도 「하늘의 훌륭하신 뜻을 받드는 것」이 〈충〉의 원리라 설명하고 있다.

제四장 백공(百工)

~일반관리로서의 〈충〉~

나라에서 여러 관리들을 임용하고 있는데, 오직 재능만으로 자기 직위를 지키며 일반적인 일이나 삼가 한다는 것은 〈충〉의 도가 아닌 것이다.

그러므로 군자로서 윗 사람을 섬김에 있어서는, 들어가서는 그의 책모(策謀)를 바치고 나아가서는 그의 정사(政事)를 행하며, 들어앉아서는 올바른 도리를 생각하고 움직일 적에는 규칙이 있어야만 한다. 직책을 수행함에 있어서는 도리에 어긋나지 않아야 하고, 일에 대한 발언을 할 적에는 거리낌이 없어야만 하며, 진실로 국가의 이익이 되는 일이라면 그 자신도 돌보지 않고 하여야만 한다. 그래서 위 아래가 함께 정치를 이룩함으로써 임금의 덕을 밝히게 되는 것인데, 이것이 여러 관리들의 〈충〉인 것이다.

《시경》에 이르기를, 「다스림에 당신들의 지위를 삼가고 바르고 곧음을 좋아하라」고 하였다.

有國之建百工①에, 惟才守位謹常②은, 非忠之道이니라.

故로 君子之事上也엔, 入則獻其謀하고, 出則行其政하며, 居則思其道하고, 動則有儀③니라. 秉職④不回⑤하고, 言事無憚⑥하며, 苟利社稷則不顧其身이니라. 上下用成⑦,

故로 昭君德이니、蓋百工之忠也니라。
詩⑧云、靖共⑨爾位하고、好是正直하라 하니라。

〔註〕 ① **百工**(백공)：백관(百官)。여러 관리들。 ② **謹常**(근상)：일반적인 일 만을 삼가 수행하는 것。 ③ **有儀**(유의)：모든 일에 의칙(儀則)이 있는 것。 모든 일을 규범에 맞게 하는 것。 ④ **秉職**(병직)：직책을 수행하다。 ⑤ **不回**(불회)：그릇되지 않다。 도리에 어긋나지 않게 하다。 ⑥ **無憚**(무탄)：거리낌이 없다。 주저 없이 바른 말을 하는 것。 ⑦ **成**(성)：훌륭한 정치를 이룩하는 것。 ⑧ **詩**(시)：《시경》 소아(小雅) 소명(小明)에 보이는 귀절。 ⑨ **靖共**(정공)：靖은 일을 다스리는 것、共은 恭(공)과 통하여 일을 삼가는 것。

〔解義〕 여기서는 일반 관리로서 지켜야만 할 〈충〉이란 어떤 것인가를 해설하고 있다。 무엇보다도 안일무사(安逸無事)하게 주어진 일이나 맡겨진 일 만을 잘 처리하는 것은 〈충〉이 되지 못한다는 것이다。 좀 더 적극적으로 자기 지위에서 창의(創意)를 발휘하여 공익(公益)을 위해 일하며、성실히 직책을 수행하면서 올바른 도리를 언제나 생각하고 남의 모범이 되는 행동을 하여야만 한다。 그리하여 직책 수행에 잘못이 없고 누구에게나 거리낌 없이 자기의 의견을 얘기하며、자신을 돌보지 않고 나라를 위해 일할 수가 있어야만 한다。 관리들의 마음과 몸가짐이 이러해야만 위 아래가 총화(總和)를 이루어 임금의 덕도 밝게 드러나게 된다。 이것이 일반 관리로서의 〈충〉이라는 것이다。 어떤 지위에 있거나 「삼가고」「바르고」한 것이 〈충〉을 이룩하는 중요한 요건이 된다。

제五장 수재(守宰)

~지방 수령(守令)으로서의 〈충〉~

벼슬자리에 있어서는 밝아야만 하고, 일에 임하여는 공평해야만 되고, 자신을 진사함에는 밝아야만 한다. 밝으면 곧 욕심이 없게 되고, 공평하면 곧 비뚤어지지 않게 되며, 밝으면 곧 풍속(風俗)을 바로잡을 수 있게 된다. 이 세가지가 갖추어진 연후에야 사람들을 다스릴 수가 있는 것이다.

군자(君子)로서 그의 〈충〉을 다하여 그 정령(政令)을 시행할 수 있으면서도 다스리지 못하는 경우가 있다는 말은 아직 들어본 일이 없다.

사람이란 누구나가 편안히 지내고자 하는 법이니 군자(君子)는 그들을 따라 편안히 해줄 것이며, 누구나가 부하여지기를 바라는 법이니 군자는 그들을 가르치어 부하게 해줄 것이다. 그리고는 인의(仁義)로써 그들을 돈독(敦篤)히 해줌으로써 그들의 마음을 굳건히 해주고, 예악(禮樂)으로써 그들을 인도해줌으로써 그들의 기운을 화락(和樂)하게 해주고, 임금의 덕을 베풀어 줌으로써 그들의 교화(敎化)를 넓고 크게 해주고, 나라의 법을 밝힘으로써 형벌을 사용하는 일이 없는 경지에 이르도록 해야 한다. 임금의 백성을 보기를 자기 자식 대하듯 하면 곧 백성들도 그를 사랑하기를 그들의 어버이 사랑하듯 할 것이다. 이것이 곧 지방 수령(守

令)들의 〈충〉인 것이다。

《시경》에 이르기를, 「점잖으신 군자〈君子〉님은 백성들의 부모시네」라 하였다。

在官惟明하고、涖①事惟平하며、立身惟淸이니라。淸則無欲하고、平則不曲하며、明能正俗이니、三者備矣면、然後可以理人이니라。

君子②盡其忠하여、能以行其政令、而不理者는、未之聞也니라。

夫人莫不欲安이니、君子順而安之하며、莫不欲富이니、君子教而富之니라。篤之以仁義하여、以固其心하고、導之以禮樂하여、以和其氣하며、宣君德하여、以弘大其化하고、明國法하여、以至於無刑이니라。視君之人을、如觀乎子면、則人愛之를、如愛其親이리니。 蓋守宰③之忠也니라。

詩④云、豈弟⑤君子여、民之父母라 하니라。

〔註〕① 涖(이)：임하다。대하다。② **君子**(군자)：본시는 다스리는 지위에 있는 사람。여기서는 지방의 수령(守令)을 가리킴。뒤에 다스리는 사람은 덕이 있어야 한다는 방향으로 뜻이 발전하여 「덕 있는 사람」의 뜻으로 쓰이게 되었다。③ **守宰**(수재)：지방의 수령(守令)、지방 장관。④ **詩**(시)：《시경》 대아(大雅) 형작(泂酌)시에 보이는 귀절。⑤ **豈弟**(개제)：愷悌로도 쓰며、점잖고 인자한 것。

〔**解義**〕 여기서는 직접 백성들을 다스리는 지방 수령(守令)으로서의 〈충〉이란 어떤 것인가를 해설하고 있다。옛날 봉건주의(封建主義) 시대에는 나라 땅의 거의 전부를 여러 제후(諸侯)와

대부(大夫)들에게 나누어 주어 다스리게 했으므로 이들의 정치적 영향력은 매우 중요하였다。
우선 지방 장관인 수령(守令)으로서의 요건으로、자기 자리를 밝게(明)지키고 일을 공평하게(平) 처리할 것이며 자신을 맑게(淸) 건사할 것을 요구하고 있다。이 명(明)·평(平)·청(淸)의 세 가지 요건이 구비되어야만 수령으로서의 〈충〉을 이행할 수 있다는 것이다。
백성들은 누구나 편안히 부하게 잘 살려는 욕구를 갖고 있다。수령들은 무엇보다도 이 백성들의 욕구를 충족시켜 주어야만 한다。그리고 나서는 인의(仁義)의 가르침으로 그들의 마음을 바로잡고 예의와 음악으로써 그들의 몸가짐과 성정(性情)을 바로 잡아 주어야 한다。그리고는 중앙의 임금의 덕을 밝히고 나라의 법을 잘 지키게 하며 백성들을 친 자식처럼 사랑해야 한다。이것이 지방 수령으로서의 〈충〉이다。곧 수령들이란 백성들로부터 친 부모처럼 숭앙(崇仰)을 받는 존재가 되어야만 한다는 것이다。

제六장 조인(兆人)

~서민으로서의 〈충〉~

하늘과 땅이 태평한 것은 임금의 덕을 상징하는 것이다。 임금의 덕이 밝으면 곧 음양(陰陽)과 비 바람도 따라서 조화되고 사람들은 그에 힘입어 살아가게 되는 것이다。

그러므로 임금의 법도를 공경히 받들고、그 집안에 있어서는 효도와 우애를 행하며、농사일에 부지런히 힘써서 나라의 부세(賦稅)를 대어야 한다。 이것이 만백성으로서의 〈충〉이다。

《서경》에 이르기를、「한 사람이 위대하고 훌륭하면 온 세상이 올바르게 된다」고 하였다。

天地泰寧①은、君之德也니라。君德昭明이면、則陰陽風雨②以和하고、人賴之而生也니라。

是故로 祗承③君之法度하고、行孝悌④於其家하며、服勤⑤稼穡⑥하여、以供王賦⑦니라。此兆人⑧之忠也니라。

書⑨云、一人元良⑩이면、萬邦以貞이라 하니라。

〔註〕 ① **泰寧**(태녕) : 태평한 것。영원히 변함 없는 것。 ② **陰陽風雨**(음양풍우) : 사철에 따른 날씨의

변화를 가리킴. 음양과 비 바람. ③ **祗承**(지승) : 삼가 받들다. 공경히 받들다. ④ **孝悌**(효제) : 부모에 대한 효도와 형제 사이의 우애. ⑤ **服勤**(복근) : 일을 부지런히 하는 것. ⑥ **稼穡**(가색) : 씨뿌리고 거두는 것. 농사 짓는 것. ⑦ **王賦**(왕부) : 왕이 부가한 세금. 나라의 세금. ⑧ **兆人**(조인) : 만인(萬人). 백성. ⑨ **書**(서) : 《서경》 상서(商書) 태갑(太甲) 하(下)편에 보이는 말. ⑩ **元良**(원량) : 위대하고 훌륭한 것. 바르고 착한 것.

〔**解義**〕 이 장에서는 일반 백성으로서의 〈충〉이란 어떤 것인가를 설명하고 있다. 지금의 입장에서 보면 백성들에게 〈충〉을 너무 일방적으로 강요하고 있는 듯한 느낌이 든다. 그러나 중국의 옛날 봉건시대(封建時代)에 있어서의 엄격했던 사회적인 계급을 감안하지 않으면 안 될 것이다. 주(周)나라 시대는 물론 한(漢)나라 시대까지도 노예제사회(奴隸制社會)였다고 주장하는 학자들이 있는데, 여기의 「조인(兆人)」 속에는 노예들은 물론 자유민(自由民)이라 하더라도 벼슬은 할 수가 없는 사(士) 이하의 신분에 속하는 사람들을 뜻하는 것이다. 곧 봉건시대에 있어서의 「조인」은 절대적으로 다스림을 받아야 할 입장의 사람들인 것이다. 그들의 나라나 사회에 대한 〈충〉의 개념이 이처럼 일방적인 느낌을 갖게 하는 것은 그 때문이다. 여기에서 번역을 「백성」이라 하였지만, 그 백성의 개념은 현대의 용어와는 전혀 다른 것이다.

제七장 정리(政理)

~〈충〉에 의한 정치~

덕(德)으로써 백성을 교화(敎化)시키는 것이 가장 상급(上級)의 다스림이니, 그러면 사람들이 자기도 알지 못하는 사이에 날로 선(善)하게 되어 갈 것이다. 정책(政策)을 백성들에게 베푸는 것은 중급(中級)의 다스림이니, 그러면 사람들이 선(善)을 행하지 않을 수가 없게 될 것이다. 형벌로써 백성들을 응징(膺懲)하는 것은 하급(下級)의 다스림이니, 그러면 사람들이 두려워서 감히 그릇된 짓을 못하게 될 것이다.

형벌이란 간략하면서도 알맞아야만 하는 것이고, 정책이란 단출하면서도 능률(能率)적이어야 하는 것이고, 덕이란 광대(廣大)하면서도 오래 가야 하는 것이다.

덕이란 다스림의 근본이 되는 것이다. 정책을 맡은 사람이 덕이 없다면 각박(刻薄)해지고, 형벌을 맡은 사람이 덕이 없다면 잔인해지는 것이다. 그러므로 군자(君子)는 덕에 힘쓰고 정책을 잘 닦으며 형벌을 삼가야만 한다. 이렇게 하여 그의 〈충〉을 굳건히 함으로써 그의 신의(信義)를 밝히며, 그것을 실천함에 게을리 하지 않는다면 어찌 다스려지지 않는 사람들이 있게 되겠는가.

《시경》에 이르기를, 「정사를 베풂이 훌륭하시니, 온갖 복록(福祿) 다 모여 드네」라 하였다.

夫化之以德이、理①之上也니、則人日遷善而不知니라。施之以政이、理之中也니、則人不得不爲善이니라。懲②之以刑이、理之下也니、則人畏而不敢爲非也니라。

刑則在省③而中이오、政則在簡而能이오、德則在博而久이니라。

德者、爲理之本也니라。任政非德則薄이오、任刑非德則殘이니라。故로 君子는 務於德하고、脩於政하며、謹於刑이니라。固其忠以明其信하여、行之匪懈④면、何不理之人乎아?

詩⑤云、敷政⑥優優⑦하니、百祿⑧是遒⑨라 하니라。

〔註〕① **理**(리)：다스림。정치。② **懲**(징)：응징하다。징계하다。③ **省**(생)：간단한 것。④ **匪懈**(비해)：게을리 하지 않는 것。태만하지 않은 것。⑤ **詩**(시)：《시경》 상송(商頌) 장발(長發)시에 보이는 귀절。⑥ **敷政**(부정)：정책을 펴다。정치를 행하다。⑦ **優優**(우우)：훌륭하고 덕 있는 모양。⑧ **百祿**(백록)：온갖 복과 녹。祿은 福의 뜻도 지니고 있음。⑨ **是遒**(시주)：是는 어조사、遒는 모이다、모여들다。

〔解義〕이 장에서는 정치를 하는데 있어 〈충〉이란 덕목은 어떤 효용을 지니는 가를 설명하고 있다。먼저 나라를 다스리는 데에는 덕으로써 백성을 교화하는 방법、정책으로써 백성을 유도하는 방법、형벌로써 백성을 위협하는 방법이 있는데、덕으로써 다스리는 것이 가장 상급의 정치라 하였다。그런데 덕으로써 다스리자면 먼저 다스리는 사람이 〈충〉을 마음 속에 굳건히 지니고 있어야만 한다。임금이 〈충〉을 지키면 그 아래 대신이나 모든 관리와 백성들

도 모두 〈충〉을 지키게 되어 「덕에 의한 다스림」이 이룩되는 것이다。 따라서 〈충〉이란 개인의 입장에서도 가장 바람직한 마음가짐일 뿐만 아니라 사회에 나가 일을 하거나 나라를 다스리는 데 있어서도 가장 바람직한 마음가짐인 것이다。 《시경》의 말도 〈충〉을 바탕으로 하여 국가와 사회를 위하여 일을 잘하면 그 개인에게도 행복이 돌아온다는 것을 증명하기 위하여 인용한 것이다。

제八장 무비(武備)

~국방(國防)과 〈중〉~

왕자(王者)란 무력을 갖추어 사방에 위세(威勢)를 들어냄으로써 만백성을 편안히 해주어야 하는 것이다. 순수한 덕이 두루 펴지면 오랑캐들도 모두 명을 따르게 되며 군대의 지휘권을 올바로 장악하게 된다. 부하들에게는 인(仁)으로써 달래주고, 의(義)로써 격려해 주고, 예(禮)로써 가르쳐 주고, 신(信)으로써 실행케 하고, 상(賞)으로써 권면해 주고, 형(刑)으로써 위엄을 보여 주어야만 한다. 이 여섯가지를 행하면 유리(有利)한 군대라 말할 수 있다. 그러면 군인들은 그의 마음을 다하고 그의 힘을 다하며 그의 목숨을 바치게 된다. 그리하여 적을 공격하면 승리하게 되고, 나라를 수비하면 견고하게 되는 것이니, 이것이 무비(武備)의 도인 것이다.

《시경》에도 이르기를, 「용감한 군인은 나라의 방패」라 하였다.

王者는, 立武①以威②四方하고, 安萬人也니라. 淳德③布洽④이면, 戎夷⑤稟命⑥하며, 統軍之師⑦니라. 仁以懷之하고, 義以厲⑧之하며, 禮以訓之하고, 信以行之하며, 賞以勸之하고, 刑以嚴之니라. 行此六者면, 謂之有利니라. 故로 得師⑨盡其心하고, 竭其力하

며, 致其命이니라。是以로 攻之則克⑩이오, 守之則固니, 武備之道也니라。

詩⑪云, 赳赳⑫武夫여, 公侯⑬干城⑭이라 하니라。

〔註〕 ① **立武**(임무)：군비(軍備)를 갖추는 것。② **威**(위)：위압하다。위세를 보이다。③ **淳德**(순덕)：순수한 덕。훌륭한 덕。④ **布洽**(포흡)：두루 퍼지는 것。고루 퍼지는 것。⑤ **戎夷**(융이)：戎과 夷 모두 오랑캐 종족。⑥ **稟命**(품명)：명령에 복종하다。명령을 따르다。⑦ **統軍之帥**(통군지수)：군의 장수들을 잘 통솔하게 된다。곧 군대의 지휘권을 올바로 장악하게 되는 것。⑧ **厲**(려)：힘쓰게 하다。격려하다。⑨ **師**(사)：군대。군인들。⑩ **克**(극)：이기다。승리하다。⑪ **詩**(시)：《시경》 국풍(國風) 주남(周南) 토저(兎罝)시에 보이는 귀절。⑫ **赳赳**(규규)：용감하고 늠름한 모양。⑬ **公侯**(공후)：제후(諸侯)。임금。⑭ **干城**(간성)：방패와 성。외적의 공격으로부터 사람과 나라를 방어해 주는 것들임。

〔解義〕 여기서는 군무(軍務)에 있어서의 〈충〉이란 어떤 역할을 하는가를 설명하고 있다。군권(軍權)을 장악하기에 앞서 덕으로써 나라를 다스려야 하지만, 또 군대는 전쟁을 수행하는 임무를 띠고 있는 이상 특수한 여건 아래 놓여 있다。군대는 전투 능력이 있어야 하고 그 자신이 엄격한 기율(紀律) 아래 뭉쳐져 있어야만 하기 때문이다。

여기서 군에 있어서의 〈충〉의 바탕으로 인(仁)·의(義)·예(禮)·신(信)·상(賞)·형(刑)의 여섯 가지를 들고 있다。인은 부하를 사랑하게 하고, 의는 전쟁의 대의(大義)를 깨닫게 하며, 예는 기율(紀律)에 따른 행동을 가능케 하고, 신은 부하들로 하여금 지휘자를 믿고 따르게 하며, 상은 희생과 고난에 대한 대가를 강조하여 군사들을 용감하게 하고, 형은 준엄(峻嚴)한

군율(軍律)을 밝혀 주기 때문이다。 이 여섯 가지를 갖추고 있으면 〈충〉이 이루어져 군인들이 마음과 힘을 다하고 목숨을 바쳐 싸우게 된다。 이리하여 〈충〉을 바탕으로한 상승(常勝)의 군대가 이룩된다는 것이다。

제九장 관풍(觀風)

~〈충〉과 민정(民情)~

신하들은 천자(天子)의 명에 따라 사방으로 나가 민정(民情)을 살피게 되므로, 듣는 것을 분명히 잘 듣지 않으면 안되고 보는 것을 똑똑히 잘 보지 않으면 안된다。 듣는 것이 분명하면 일을 자세히 파악하게 되고, 보는 것이 똑똑하면 이치를 잘 분별하게 된다。 이치를 잘 분별하면 〈충〉을 이룩하게 되고, 일을 자세히 파악하면 분별을 제대로 하게 된다。

군자(君子)란 사사로움을 버리고 얼굴 빛을 바로 하고 있어야 하며, 이치에 어긋남으로써 사물(事物)을 그르치는 일이 없어야 하고, 권세에 구애받지 않고 적절한 인물을 임용(任用)토록 천거(薦擧)하여야만 한다。 오직 선(善)에만 가담하고 악(惡)을 배제(排除)한다。 이렇게 하여 올라가면 곧 성공을 하게 될 것이며, 이렇게 하여 나아가면 곧 원한이 없게 될 것이다。 이렇게만 되면 곧 온 세상이 자기 직책을 공경히 수행케 되어 모든 나라가 평화롭게 될 것이다。

《시경》에 이르기를, 「이리 달리고 저리 달리며, 두루 묻고 의논하네」라 하였다。

惟臣以天子之命出於四方①하여, 以觀風②이니, 聽不可以不聰이오, 視不可以不明이

니라。 聰則審③於事요、 明則辨④於理니라。 理辨則忠이오、 事審則分⑤이니라。

君子는 去其私하고、 正其色⑥하며、 不害理以傷物⑦하고、 不憚勢⑧以擧任⑨이니라。 惟善是與⑩요、 惟惡是除니라。

以之而陟⑪則有成이오、 以之而出⑫則無怨이니라。 夫如是則天下敬職하고、 萬邦以寧이니라。

詩⑬云、 載馳⑭載驅⑮하여、 周爰⑯諮諏⑰라 하니라。

〔註〕 ① **出於四方**(출어사방)：나라의 여러 곳으로 지방행정과 민정을 시찰하러 나가는 것。 ② **觀風**(관풍)：풍속을 보다。 민간의 실정과 시정(施政) 상태를 살피는 것을 뜻한다。 ③ **審**(심)：자세히 살피어 잘 아는 것。 ④ **辨**(변)：올바로 잘 분별하는 것。 ⑤ **分**(분)：분별(分別)을 올바로 하는 것。 ⑥ **色**(색)：안색(顔色)。 용모까지도 다 포함된다。 ⑦ **傷物**(상물)：사물(事物)을 손상시키다。 사물을 그르치다。 ⑧ **憚勢**(탄세)：권세나 주위 형세를 꺼리는 것。 권세나 형세에 구애를 받는 것。 ⑨ **擧任**(거임)：직위에 적절한 인물을 천거 하는 것。 ⑩ **與**(여)：함께 하다。 편이 되다。 지지하다。 ⑪ **陟**(척)：오르다。 일의 공을 쌓아 올려 가는 것을 뜻함。 ⑫ **出**(출)：나아가다。 대외적으로 활동하는 것(백성을 다스리는 것)을 뜻함。 ⑬ **詩**(시)：《시경》 소아(小雅) 황황자화(皇皇者華)시에 보이는 귀절。 ⑭ **載馳**(재치)：載는 어조사。 馳는 말을 몰아 달리는 것。 ⑮ **驅**(구)：수레를 몰아 달리는 것。 ⑯ **周爰**(주원)：周는 두루、 빈틈 없이。 爰은 어조사。 ⑰ **諮諏**(자추)：諮는 물어보고 의견을 듣는 것。 諏는 일을 물어 보며 의논하는 것。

〔**解義**〕 여기서는 민정(民情)과 시정(施政) 상황을 살피는데 있어서 〈충〉은 어떤 역할을 하게 되는가를 설명하고 있다。 임금의 덕이나 정치의 득실(得失)은 백성을 통해 들어나게 되므

로 민정을 잘 살핀다는 것은 나라를 다스리는데 있어 무엇보다도 중요한 일의 하나가 된다。

민정을 올바로 파악하기 위해서는 무엇보다도 분명히 알아듣고 똑똑히 보고 파악할 줄 알아야만 한다。그러면 모든 상황을 자세히 알고 모든 실정을 올바로 판단하게 된다。자세히 알고 올바로 판단하는 데에서 〈충〉은 이루어진다。이 장에서 「이치를 잘 분별하면 〈충〉을 이룩하게 되고、일을 자세히 파악하면 분별을 제대로 하게 된다」고 하여、마치「일을 자세히 파악하는 것」은 〈충〉과 별개의 문제인 듯이 보이기 쉽도록 씌어져 있지만、곧 그것은 「이치를 잘 분별하여 〈충〉을 이룩하는」 바탕이 되는 것이다。

이렇게 「일을 자세히 파악하고」「이치를 잘 분별하여」〈충〉을 이룩한 사람은 몸가짐이 근엄(謹嚴)하고 공평무사(公平無私)하게 된다。그리하여 이치에 어긋나는 짓을 하여 일을 그르치는 일이 없게 되고、권세에도 굴하는 법 없이 언제나 올바른 사람만을 천거하고 선(善)만을 추구하게 된다。여기에서 나라의 번영과 세계의 평화가 이룩되게 되는 것이다。〈충〉이란 결국 자기의 직책을 공경히 수행하는 데에서 이룩되는 것이다。그리고 이러한 개인의 〈충〉의 효과는 곧 나라와 세계에까지도 확산(擴散)되게 되는 것이다。

제十장 보효행(保孝行)

~〈충〉과 〈효〉~

언제나 효성스런 사람은 반드시 〈충〉에 대하여도 귀중히 여긴다。〈충〉을 진실로 행하지 못한다면 그가 따르는 바도 여전히 올바른 도(道)가 못되는 것이다。그래서 〈충〉에 그가 미치지 못한다면 그가 지키려는 것들까지도 잃게 되는 것이다。곧 그 자신 만을 위태롭게 할 뿐 아니라 그의 어버이에게까지도 욕(辱)이 미치게 되는 것이다。

그러므로 군자(君子)는 그의 효(孝)를 행함에 있어 반드시 먼저 〈충〉을 앞세우는 것이니、그의 〈충〉을 다하게 되면 복록(福祿)이 다 찾아 오게 되는 것이다。그러므로 사랑과 존경의 마음을 다하여 그의 어버이를 부양하고、그 은덕이 남들에게까지、미치게 되는 것이다。이것을 두고 「효행을 보전하는 것」이라 말하는 것이다。

《시경》에 이르기를、「효자는 다함이 없으니、영원히 그대에게 복 내리리로다」라 하였다。

夫惟孝者는、必貴於忠이라。忠苟①不行이면、所率②猶非其道③니라。是以로 忠不及之면、而失其守④니라。匪⑤惟危身이오。辱及親也니라。

故로 君子行其孝에、必先以忠이니、竭其忠이면、則福祿至矣니라。故로 得盡愛敬之

心하여、以養其親하고、施及於人⑥이니라。此之謂保孝行也니라。

詩⑦云、孝子不匱⑧하니、永錫⑨爾類⑩라 하니라。

〔註〕 ① **苟**(구)：진실로。② **所率**(소솔)：그가 따르고 있는 바。옳다고 믿고 행하는 원리。③ **其道**(기도)：올바른 도(道)、진실한 도。④ **其守**(기수)：그가 지키는 것。그가 이룩하려는 자신의 행복과 가정의 평화 및 나라를 위해 일하려는 포부 등을 통틀어 말한다。⑤ **匪**(비)：非(비)와 같은 부정사。⑥ **人**(인)：외부의 모든 사람들。⑦ **詩**(시)：《시경》 대아(大雅) 기취(旣醉)시에 보이는 귀절。⑧ **不匱**(불궤)：다함이 없다。끝이 없이 효도하다。⑨ **錫**(사)：賜(사)와 통하여、내려 주는 것。⑩ **類**(류)：善(선)의 뜻으로、여기에선 행복을 가리킨다。

〔解義〕 이 장에서는 〈충〉과 〈효〉의 관계를 주로 설명하고 있다。제목의 「효행을 보전하는 것(保孝行)」이라는 말은 바로 〈충〉의 효용을 요약한 말이다。곧 〈충〉이야말로 〈효〉를 보전해 주는 기능을 지닌 것이어서、〈효〉를 행하고자 한다면 먼저 〈충〉을 행할 줄 알아야만 한다는 것이다。〈충〉이란 사람으로서 살아나가고 행동하는 기본 도리이므로 〈충〉을 행하지 못하면 그 자신뿐만이 아니라 부모에게까지도 피해가 가게 된다。〈충〉을 성실히 행할 때 그 자신의 행복도 이룩되고、부모에 대한 효도도 이룩할 수가 있게 된다는 것이다。

「사랑하고 공경하는 마음」을 다하여 부모를 섬기는 것이 〈효〉인데、바로 그 「사랑하고 공경하는 마음」이란 〈충〉의 마음 가짐과도 통하는 것이다。정현(鄭玄)은 「〈충〉의 도를 지키면 온갖 선(善)한게 모두 그에게로 돌아가게 되어、자신도 편안하고 부모도 즐겁게 됨으로써 효도도 이룩하게 되는 것」이라 주석을 달고 있다。

제十一장 광위국(廣爲國)

~〈충〉은 어떻게 나라를 위하는가~

명철(明哲)한 임금은 나라를 다스림에 있어서 바른 사람을 벼슬자리에 임명하고 비뚤어진 자들은 멀리한다. 비뚤어지면 불충(不忠)케 되고, 〈충〉하다면 반드시 올바른 것이다. 올바름이 있은 연후에야 그 능력도 쓰임이 있는 것이다.

그래서 교육자들은 도덕(道德)을 지키고 신하들은 현량(賢良)하면 안으로는 문화(文化)로써 화목(和睦)을 이룩하고, 밖으로는 무력(武力)으로써 위세(威勢)를 떨치게 하며, 예악(禮樂)을 잘 실천하게 되고, 정형(政刑)을 잘 지켜가게 된다. 그러므로 위대한 교화(敎化)가 일어나 행하여지고 오랑캐들도 모두가 굴복해 오게 되며, 임금과 신하들이 화친(和親)하고 기뻐하고 온 나라가 평화와 안녕을 누리게 되는 것이다. 이것은 임금이 신하들을 올바로 임명하여 아래에서는 〈충〉을 다하고 위에서는 신의(信義)를 지키게 되는 데서 오는 결과인 것이다. 《시경》에 이르기를, 「여러 훌륭한 신하들 있어, 문왕(文王)께서는 그 때문에 편안하셨다」고 하였다.

明主之爲國也에, 任於正하고, 去於邪니라. 邪則不忠이오, 忠則必正이니라. 有正然後用其能이니라.

是故로 師保①道德이오、股肱②賢良이면、內睦以文하고、外威以武하며、被服③禮樂하고、隄防④政刑이니라。故로 得大化⑤興行하고、蠻夷⑥率服⑦하며、人臣和悅하고、邦國平康하니라。此君能任臣하여、下忠上信之所致也니라。

詩⑧云、濟濟⑨多士여、文王以寧이라 하니라。

〔註〕① **師保**(사보)：젊은이들의 교육을 맡은 관리。《예기(禮記)》 문왕세자(文王世子)에 「師는 일에 대하여 가르치어 덕(德)에 대하여 깨닫게 해주었고、保는 그 자신을 삼가게 함으로써 행실을 도와 도(道)로 돌아가게 해주었다」고 씌어 있다。② **股肱**(고굉)：넓적다리와 팔。신하에 비유한 말。③ **被服**(피복)：몸소 실천하는 것。④ **隄防**(제방)：잘못되지 않도록 잘 지키는 것。⑤ **大化**(대화)：위대한 교화(敎化)。⑥ **蠻夷**(만이)：사방의 오랑캐들。⑦ **率服**(솔복)：모두 따르고 굴복하는 것。⑧ **詩**(시)：《시경》 대아(大雅) 문왕(文王)시에 보이는 귀절。⑨ **濟濟**(제제)：많은 모양。

〔**解義**〕이 장에서는 관리의 임용(任用)에 있어서의 〈충〉의 효능을 설명하고 있다。신하에 대한 평가는 먼저 그의 능력 보다도 그가 올바른 인물인가 어떤가를 알아 보아야 한다는 것이다。〈충〉을 터득한 인물이라면 반드시 올바르게 행동할 것이기 때문이다。올바르고 능력있는 신하를 임용하기만 하면 나라는 문제 없이 평화롭게 잘 다스려 진다。따라서 정치의 관건은 〈충〉을 이행하는 많은 신하들을 임용하는데 있다。〈충〉된 신하가 많기만 하면 그 나라는 평화롭게 잘 다스려질 수 밖에 없다는 것이다。주(周)나라 문왕(文王) 같은 성군(聖君)이 훌륭한 정치를 할 수 있었던 것도 그의 밑에는 〈충〉된 제제다사(濟濟多士)가 있었기 때문이다。정현(鄭玄)은 이곳 주(注)에서 「바른 것과 〈충〉」의 관계에 대하여 「능력은 있으되 바르지

못하면 비뚤어진 것이오、 바르면서도 유능하여야만 〈충〉이 된다(能而無正則邪、 正而有能則忠。)」고 설명하고 있다。 그리고 이 장의 제목을 「광위(廣爲)」라 한 것은 「다스리는데 있어서의 〈충〉의 효능을 넓히어 설명한다」는 뜻인듯 하다。

제十二장 광지리(廣至理)

~〈충〉은 어째서 지극한 이치인가?~

옛날의 성인(聖人)은 온 천하의 귀와 눈을 통하여 보고 들었고, 온 천하의 마음으로써 자기 마음을 삼아서, 예만 갖추고 있어도 스스로 교화(敎化)되었고, 공을 이룩하고서도 결과를 차지하려 하지 않았다. 이것은 가히 원리(原理)에 접근한 것이라고 말할 수가 있을 것이다.

왕자(王者)가 지극한 이치에 대하여 생각한다면 그것이 먼 곳에 있는 것일까? 자신이 의식적(意識的)인 행위를 하지 않음으로써 천하가 스스로 밝아지고, 의심하지 않음으로써 천하가 스스로 신임하게 되고, 사사롭지 않음으로써 천하가 스스로 공정해지는 것이다. 보물을 천하게 여기면 사람들이 탐욕(貪慾)을 버리게 되고, 사치를 하지 않으면 사람들도 따라서 검소해 지며, 실질적(實質的)인 방법을 쓰면 사람들이 허위(虛僞)를 버리게 되고, 사양(辭讓)을 숭상하면 사람들이 다투지 않게 된다. 그러므로 사람들의 마음이 화평(和平)해지고 온 천하가 순박(淳樸)하고 질박(質樸)하게 되며, 그들의 삶을 즐기고 그들의 수명(壽命)을 보전케 되며, 성덕(聖德)을 입어 편안히 노님으로써 자연(自然)의 지극함에 이르게 되는 것이다.

《시경》에 이르기를, 「의식하지도 못하고 알지도 못하면서, 하느님의 법도를 따른다」고 하였다.

古者에 聖人은 以天下之耳目으로 爲視聽하고、天下之心으로 爲心하여、端旒①而自化②하고、居成③而不有④하니라。斯可謂致理⑤也已矣⑥인저!

王者이 思於至理면、其遠乎哉아? 無爲⑦而天下自淸하고、不疑而天下自信하며、不私而天下自公이니라。賤珍則人去貪하고、徹侈⑧則人從儉하며、用實則人不僞⑨하고、崇讓則人不爭이니라。故로 得人心和平하고、天下淳質⑩하며、樂其生하고、保其壽하며、優游⑪聖德하여、以爲自然之至⑫也니라。

詩⑬云、不識不知로되、順帝⑭之則⑮이라 하니라。

〔註〕 ① **端旒**(단류) : 端은 현의(玄衣)라고도 부르는 옛날의 예복、旒는 면류(冕旒)로서 임금의 관장식。여기서는 「端冕(단면)」이나 같은 말로 「올바른 예복과 격에 맞는 관을 쓰는 것」、곧 「예를 바르게 갖추고 있는 것」。 ② **自化**(자화) : 스스로 교화되다。자연이 교화되다。 ③ **居成**(거성) : 공을 이룩한 위치에 있는 것。곧 공을 이룩하고 있는 것。 ④ **不有**(불유) : 소유하지 않다。공로를 이룩한 결과를 차지하려 들지 않는 것。 ⑤ **致理**(치리) : 이치에 이른 것。원리에 접근한 것。 ⑥ **也已矣**(야이의) : 모두 어조사。어세를 강조한다。 ⑦ **無爲**(무위) : 의식적인 행위를 하지 않는 것。 ⑧ **徹侈**(철치) : 사치를 거두다。사치를 하지않다。 ⑨ **僞**(위) : 거짓。허위。 ⑩ **淳質**(순질) : 순박(淳樸)하고 질박(質樸)한 것。 ⑪ **優游**(우유) : 여유있게 노닐다。편히 노닐다。 ⑫ **自然之至**(자연지지) : 자연의 지극한 상태。 ⑬ **詩**(시) : 《시경》 대아(大雅) 황의(皇矣)시에 보이는 귀절。 ⑭ **帝**(제) : 상제(上帝)。하느님。 ⑮ **則**(칙) : 법。법칙。법도。

〔**解義**〕 여기서는 〈충〉의 광범위한 적용 원리를 설명하고 있다。〈충〉은 널리 온 세상에 적용

되는 것이지만, 그 기본 원리는 간단한 것이다. 곧 다스리는 사람이 백성들과 똑같이 보고 듣고 생각한다는 것이다. 그것은 곧 임금으로부터 백성에 이르는 온 국민이 똑같이 느끼고 똑같이 생각하는 이른 바 총화(總和)의 상태를 뜻한다. 일단 총화를 이룩하기만 하면 정치는 물론 온 세상 일이 모두 순리(順理)하게 저절로 잘 되어 간다는 것이다.

여기에서 「무위(無爲)하여도 천하(天下)는 스스로 맑아진다」고 한 대목부터 「자연(自然)의 지극함에 이른다」는 데까지의 서술은 완전히 노자(老子)와 장자(莊子)의 도가(道家) 사상과 합치된다. 「무위자연(無爲自然)」은 도가의 기본 사상이기 때문이다. 그러나 유가(儒家)의 이상(理想)인 완전한 덕치(德治)가 이루어진 사회도 실상은 도가의 이상 사회와 별 차이가 없는 것이다. 「덕(德)」으로 다스린다는 것은 아무런 법에 의한 강요나 인위적(人爲的)인 작위도 없이 모든 사람이 자연스럽게 감화를 받아 저절로 평화와 질서를 유지하게 됨을 말한다. 따라서 완전히 「덕치(德治)」가 이루어진 사회란 도가에서 주장하는 바와 같은 「무위이치(無爲而治)」가 되지 않을 수 없다. 다스림에 어떤 강요(强要)나 규제(規制)가 가하여진다면 그것은 이미 「덕치」가 될 수 없는 것이기 때문이다. 이런 때문에 이곳의 〈충〉에 의하여 다스려진 사회의 설명이 도가 사상과 합치되고 있는 것이다. 유가와 도가는 그들의 궁극적인 이상(理想)에는 큰 차이가 없는데, 다만 그 이상에 도달하는 방법만이 서로 다를 뿐이라고 할 수 있다.

제十三장 양성(揚聖)

~〈충〉은 성(聖)을 드러낸다~

임금의 덕이 성(聖)스럽고 밝을 적에는 충신(忠臣)은 그것을 자신의 영예(榮譽)로 알고, 임금의 덕이 부족할 적에는 충신은 그것을 자신의 치욕으로 여기었으니, 덕이 부족할 적에는 그것을 보충해 주고, 덕이 성스럽고 밝을 적에는 그것을 드날려 주는 것이 옛날의 도(道)였다.

그래서 순(舜)임금이 덕이 있자 신하인 고요(咎繇)가 그것을 노래하였고, 문왕(文王)의 도를 주공(周公)이 찬송(讚頌)했었으며, 선왕(宣王)이 나라를 중흥(中興)시키자 길보(吉甫)가 그것을 노래했던 것이다.

그러므로 군자로서 덕이 홍성하고 밝은 때의 신하가 되면 반드시 그것을 드날리어, 성덕(盛德)이 천하에 가득히 흐르고 후대에까지도 그것이 유전(流傳)되도록 하는 것이 바로 〈충〉인 것이다.

君德聖明하면, 忠臣以榮이오, 君德不足이면, 忠臣以辱이니, 不足則補之하고, 聖明則揚①之함이, 古之道也니라。

是以로 虞②有德하니、咎繇③歌之하고、文王之道를周公頌之④하고、宣王⑤中興에、吉甫⑥詠之하니라。

故로 君子는 臣於盛明⑦之時면、必揚之하여、盛德流滿天下하고、傳於後代이、其忠矣夫인저。

〔**註**〕① **揚**(양) : 드날리다。널리 알리고 더욱 발전시키는 것。② **虞**(우) : 옛날 순(舜)임금의 국호(國號)。③ **咎繇**(고요) : 皐陶(고요)로도 쓰며 순(舜)임금의 현명한 신하 중의 한 사람。순임금의 덕을 칭송한 고요의 노래는 《서경(書經)》 우서(虞書) 고요모(皐陶謨) 〔「僞古文」에서는 이 노래가 들어있는 뒷부분이 益稷편으로 독립되어 있음〕에 보인다。④ **周公頌之**(주공송지) : 《시경(詩經)》의 주송(周頌)에는 문왕(文王)의 업적을 칭송하는 노래들이 많이 들어있는데、후한(後漢) 정현(鄭玄)은 《시보(詩譜)》에서 이것들을 모두 성왕(成王 : B·C·一一一五~一〇七九在位) 때 주공(周公)이 지은 것으로 보았다。따라서 이 말은 주송(周頌)을 두고 한 것이다。그러나 주송에는 이미 주희(朱熹)가 《시집전(詩集傳)》에서 지적한 바와 같이 강왕(康王 : B·C·一〇七八~一〇五三在位) 이후의 시들도 들어있다。그러나 대부분이 서주(西周) 초기의 작품임에 틀림없다。⑤ **宣王**(선왕) : B·C·八二七부터 B·C·七八二까지 주나라를 다스린 제一一대 왕。⑥ **吉甫**(길보) : 윤길보(尹吉甫)로 선왕 때의 어진 신하。《시경》 대아(大雅)에는 길보가 지은 시로 숭고(崧高)와 증민(烝民)의 두 편이 있는데、《모전(毛傳)》에서는 이 두 편 모두 선왕의 주(周)나라 중흥(中興)의 업적을 기린 작품으로 해석하고 있다。⑦ **盛明**(성명) : 덕이 흥성하고 밝은 것。그러나 앞의 예로 보아 이 盛은 聖으로 씀이 옳을 듯하다。

〔**解義**〕이 장에서부터는 〈충〉을 실천하는데 있어서 특히 중요하다고 생각되는 몇 가지 사항을 골라서 그것을 강조하며 설명하고 있다。여기에서는 「임금님의 덕을 널리 알리고 발전시

키는 것」곧「양성(揚聖)」이 가장 중요한 〈충〉의 요건의 하나임을 강조하고 있다。웃 사람의 덕을 널리 알리고 또 더욱 발전하도록 돕는다는 것은 곧 덕을 온 세상에 펴는 길이기 때문이다。그것은 자기 자신이 훌륭한 덕을 지님을 뜻할 뿐만이 아니라 온 세상 사람들이 모두 덕을 따르게 됨을 뜻하게 되기 때문이다。

반대로 임금이 덕이 없거나 모자랄 적에는 임금의 덕을 늘려주고 보충해 주도록 힘써야만 한다。웃사람이 덕이 모자란다고 버려 두거나 무시하는 것도 〈충〉의 도가 아니다。웃사람을 바로 잡아 주려는 노력은 웃사람의 비위에 거슬리는 그 자신으로서는 불리한 행동이 되기 일쑤일 것이다。그러나 〈충〉을 행하려는 사람은 개인의 이해를 떠나서 언제나 공의(公義)에 입각한 행동을 하지 않으면 안되는 것이다。

제十四장 변충(辨忠)

~〈충〉과 사회윤리~

위대하도다, 〈충〉의 효용(効用)이여! 그것을 가까이 베풀면 곧 집안과 나라를 보전(保全)할 수 있게 되고, 그것을 먼 곳에 베풀면 하늘과 땅의 운행(運行)에까지 적용케 된다.

그러므로 명철(明哲)한 임금은 나라를 다스리는 데 있어서 반드시 먼저 〈충〉을 잘 분별한다. 군자(君子)의 말은 〈충〉되지만 간사하지 않고, 소인(小人)의 말은 간사하여 〈충〉 같이면서도 그릇된 것이므로, 그런 말을 듣는 사람으로서는 미혹되지 않는 일이 드문 것이다.

〈충〉되고도 인(仁)할 수 있다면 곧 나라의 덕이 밝혀질 것이고, 〈충〉되고도 지혜로울 수 있다면 곧 나라의 정사가 바로잡혀질 것이며, 〈충〉되고도 용기가 있을 수 있다면 곧 나라의 어려움이 해소될 것이다. 그러므로 비록 그에게 능력이 있다 하더라도 반드시 〈충〉을 통하여야만 공을 이룩하게 되는 것이다.

인(仁)하면서도 〈충〉되지 않다면 곧 그의 은덕(恩德)을 개인적인 것으로 돌릴 것이며, 지혜로우면서도 〈충〉되지 않다면 곧 그의 거짓을 꾸미게 될 것이며, 용기가 있으면서도 〈충〉되지 않다면 곧 반란을 일으키기 쉬울 것이다. 그래서 비록 그에게 능력이 있다 하더라도 〈충〉되지 않다면 일을 망치게 되는 것이다. 이상 세 가지에 대하여는 잘 분별하지 않으면 안되는 것이다。

《서경》에 「훌륭한 것을 표창하고 악한 것을 가려 낸다」고 말한 것은 바로 이것을 뜻하는 것이다。

大哉라、忠之爲用也여! 施之於邇①면、則可以保家邦하고、施之於遠이면、則可以極天地②니라。

故로 明王爲國에、必先辨忠이니라。君子之言은、忠而不佞③하고、小人之言은、佞而似忠而非니 聞之者이、鮮④不惑矣니라。

夫忠而能仁이면、則國德彰⑤하고、忠而能知면、則國政擧⑥하며、忠而能勇이면、則國難淸⑦하니라。故로 雖有其能이라도、必由忠而成也니라。

仁而不忠이면、則私其恩하고、知而不忠이면、則文⑧其詐⑨하며、勇而不忠이면、則易其亂이니라。是雖有其能이라도、以不忠而敗也니라。此三者는、不可不辨也니라。

書⑩云、旌別淑慝⑪이라함은 其是謂乎인저!

〔註〕 ① **邇**(이)：까까운。 ② **極天地**(극천지)：천지에 극하다、곧 천지의 조화(造化)와 운행(運行)에도 〈충〉의 원리가 모두 적용된다는 뜻。 ③ **佞**(녕)：간사(奸詐)한 것。 간악한 것。 ④ **鮮**(선)：드물다。 거의 없다。 ⑤ **彰**(창)：밝다。 밝히다。 ⑥ **擧**(거)：올바로 잘 되다。 흥성해지다。 ⑦ **淸**(청)：맑아지다。 없어지다。 해소되다。 靖(정)과 통하여 「다스려지다」의 뜻으로 보아야 좋다。 ⑧ **文**(문)：紋과 통하여 무늬。 무늬를 놓듯 꾸미는 것。 ⑨ **詐**(사)：거짓。 거짓됨。 ⑩ **書**(서)：《서경》 주서(周書) 필명(畢命)

편에 보이는 귀절。⑪ **旌別淑慝**(정별숙특) : 旌別은 표정(表旌)하고 가려내고 하는 것、淑慝은 善惡(선악)과 같은 말。곧 이것은 「旌善別惡、선한 것은 표창하고 악한 것은 가려낸다」는 뜻임。

〔**解義**〕 여기서는 〈충〉을 실천하는데 있어서 지배자로서 가장 주의하여야만 할 요건을 설명하고 있다。〈충〉이란 사람 사회 뿐만이 아니라 온 천지의 조화(造化)에까지도 적용되는 기본원리이므로、웃자리에 있는 사람은 무엇보다도 어떤 것이 〈충〉인가를 정확히 분별하지 않으면 안된다는 것이다。

첫째로 〈충〉된 말이란 웃사람의 뜻을 거슬리는 것일 가능성이 많다。반대로 간사한 말은 웃사람의 뜻에 잘 영합(迎合)된다。그러기에 아래 사람의 말이 〈충〉한 것인가 간사한 것인가를 분별한다는 것은 그리 쉬운 일이 아니다。그리고 인(仁)·지(知)·용(勇) 같은 덕성(德性)이나 능력들도 아울러 〈충〉을 겸했을 때 비로소 올바른 기능을 발휘하게 된다。오히려 재능만 많으면서도 〈충〉되지 못하다면 그것은 일을 그르치는 결과만을 가져오게 된다。그러니 웃자리에 있는 사람은 언제나 올바른 도리에 입각하여 어떤 것이 진실로 〈충〉된 것이고、어떤 것이 〈충〉되지 못한 것인가를 올바로 분별하여야만 하는 것이다。〈충〉은 모든 것에 앞서는 덕성인 것이다。

제十五장　충간(忠諫)

~〈충〉으로 간해야 한다~

충신으로서 임금을 섬김에 있어서는 올바로 간(諫)하는 일보다 더 앞세워야 할 것은 없다. 아래에서는 올바른 말을 할 수 있고, 위에서는 그 말을 들어줄 수 있다면 곧 왕도(王道)가 빛나게 될 것이다.

일의 계획이 이루어지기 전에 간하는 것이 가장 좋고, 일의 윤곽이 들어날 때 간하는 것은 차선(次善)이며, 일이 다 되어진 뒤에 간하는 것은 졸렬한 방법이다. 도리에 어긋나는 데도 간하지 않는다면 충신이 아닌 것이다.

간하는 것은 순조로운 말로서 시작되지만, 그래도 안되면 항의(抗議)를 해야만 되고, 그래도 안되면 끝내는 절조(節操)를 지키어 죽음으로써, 임금의 훌륭한 덕을 이룩케 하고 나라를 편안히 하도록 해야만 하는 것이다.

《서경》에 이르기를, 「나무가 먹줄을 따라 깎이면 반듯해지고, 임금이 간하는 것을 따르면 성(聖)스러워 진다」고 하였다.

忠臣之事君也엔, 莫先①於諫이니라。下能言之하고, 上能聽之면, 則王道②光矣니라。

諫於未形③者이、上也요、諫於已彰④者이、次也요、諫於旣行⑤者이、下也니라。違而不諫이면、則非忠臣이니라。

夫諫始於順辭⑥하고、中於抗議⑦하며、終於死節⑧하여、以成君休⑨하고、以寧社稷이니라。

書⑩云、木從繩⑪則正이오、后⑫從諫則聖이라 하니라。

〔註〕① **莫先**(막선)：……보다 더 앞세워야 할 것은 없다。② **王道**(왕도)：덕으로써 나라를 올바로 다스리는 방법。③ **未形**(미형)：일의 계획이 완전히 이루어지지 않았을 때。④ **已彰**(이창)：이미 밝혀진 때。곧 일의 윤곽이 완전히 들어난 때。⑤ **旣行**(기행)：이미 행한 뒤。일이 다 이루어진 뒤。⑥ **順辭**(순사)：순조로운 말。종순(從順)한 말。⑦ **抗議**(항의)：임금의 뜻에 거슬리는 이론。항의。⑧ **死節**(사절)：자기의 올바른 절의(節義)를 죽음으로써 지키는 것。⑨ **休**(휴)：아름다움。훌륭함。여기서는 훌륭한 덕。훌륭한 정치 실적(實績)。⑩ **書**(서)：《서경》 상서(商書) 열명상(說命上)편(僞古文)에 보이는 글。⑪ **繩**(승)：묵승(墨繩)。목수들이 쓰는 먹줄。⑫ **后**(후)：임금。왕。

〔解義〕 여기에서는 다시 신하로서의 〈충〉의 행위로써 임금에게 올바른 말과 좋은 충고를 하는「간(諫)하는 것」에 대하여 설명하고 있다。신하란 임금의 비위를 거슬리어 자신의 생명이 위태로워지는 한이 있더라도 언제나 올바른 의견을 제시하여야만 한다。그리고 임금은 언제나 올바른 의견이 자기 뜻에 어긋나는 내용이라 하더라도 거기에 귀를 기울일줄 알아야만 한다。이것이 위 아래가 총화(總和)를 이룩하는 길이며、그렇게 되기만 하면 나라는 문제 없이 잘 다스려 진다는 것이다。

여기에 간하는 방법에 있어, 어떤 일이든 그 일의 계획이 다 이루어지기 전에 간하여 일을 미리 바로 잡는 것이 가장 훌륭한 것이라 하고 있다. 일의 윤곽이 들어나기 시작할 때 간하는 것은 차선(次善)의 방법이고, 일이 다 이루어진 다음에 간하는 것이 가장 졸렬한 방법이라 하였다. 일이 다 이루어진 다음에라도 잘못을 간하는 것은 물론 그대로 보아 넘기는 것보다는 낫다. 그러나 이미 지난 일은 돌이킬 수 없는 것이고, 또 그것은 비판이나 같은 행위이므로 가장 졸렬한 간하는 방법이라 한 것이다.

그리고 끝머리에서 충간(忠諫)을 위하여 죽음으로써 신하로서의 절조(節操)를 지킨다는 것은 옛부터 중국에서는 충신의 전형적(典型的)인 행위의 하나처럼 여겨 왔었다. 정현(鄭玄)은 그 대목 아래 「순조로운 말로 하여 따르지 않으면, 비위를 거슬리는 항의를 하고, 항의를 하여도 따르지 않으면 죽음으로써 뜻을 관철하여, 임금이 잘못을 고치어 훌륭한 덕을 지니게 하고 나라를 안정시키는 것이다」고 주를 달고 있다.

제十六장　증응(證應)

~〈충〉의 응보(應報)~

하늘이 사람들을 감시함에 있어 선악(善惡)에 대하여 반드시 응험(應驗)을 나타낸다。선(善)으로서는 〈충〉을 행하는 것보다 더 큰 것이 없고、악(惡)으로서는 불충(不忠)보다 더 큰 것이 없다。그래서 〈충〉하면 곧 복록(福祿)이 내려지게 되고、불충(不忠)하면 곧 형벌이 가해지게 되는 것이다。

군자는 도(道)를 지키기 때문에 그 아름다운 복(福)도 영원히 지키게 되고、소인(小人)은 일정하지 않기 때문에 스스로 그 재난(災難)에 빠지게 되는 것이다。아름다운 복과 재난의 징험(徵驗)이 매우 밝지 아니한가?

《서경》에 이르기를、「선(善)한 짓을 하면 그에게 온갖 복(福)이 다 내려지게 되고、선하지 않은 짓을 하면 그에게 온갖 재앙(災殃)이 내려지게 된다」고 하였다。

惟天監人에、善惡必應①이니라。善莫大於作忠이오、惡莫大於不忠이라。忠則福祿至焉이오、不忠則刑罰加焉이니라。

君子守道니、所以長守其休②요、小人不常③이니、所以自陷其咎④니라。休咎之徵⑤也

이, 不亦明哉아?

書⑥云, 作善이면 降之百祥⑦하고, 作不善이면, 降之百殃이라 하니다.

〔註〕 ① 應(응) : 응하다. 응험(應驗)을 나타내다. 응보(應報)하다. ② 休(휴) : 休福(휴복). 행복. 아름다운 복. ③ 不常(불상) : 행위나 마음이 일정치 않은 것. 곧 때때로 나쁜 짓도 하는 것을 뜻함. ④ 咎(구) : 허물. 재난(災難). 불행. ⑤ 徵(징) : 징험(徵驗). ⑥ 書(서) : 《서경》 상서(商書) 이훈(伊訓)편(僞古文)에 보이는 글. ⑦ 百祥(백상) : 백 가지 상서(祥瑞). 온갖 복(福).

〔解義〕 제一장에서 설명했듯이 〈충〉이란 자연의 섭리(攝理) 또는 하느님의 뜻과도 부합하는 덕성인 것이다. 하느님은 언제나 사람들을 보살피고 계시면서 사람들의 행실에 따라 복도 내려주고 불행을 내려주기도 한다. 그런데 하느님이 사람들의 선하고 악한 것을 분별하는 가장 중요한 기준이 〈충〉이라는 것이다. 〈충〉은 모든 선의 바탕이어서 정현(鄭玄)은 「모든 행위와 위대한 선(善)도 〈충〉을 바탕으로 하지 않는다면 모두 잊혀지고 말게 된다」고 여기에 주를 달고 있다.

옛날부터 중국인들은 하느님을 믿어 왔다. 따라서 《시경(詩經)》·《서경(書經)》 같은 옛 경전의 말들은 모두 하느님에 대한 신앙을 바탕으로 하고 있다. 하늘과 땅의 생성변화 뿐만이 아니라, 사람들의 개인 생활이나 사회생활 모두가 하느님의 뜻에 의하여 이루어지는 것이라 생각하였다. 따라서 사람은 언제나 하느님의 뜻을 따라야만 한다고 생각하였다.

하느님을 그들은 天 또는 帝·上帝·天帝 등으로 불렀다. 다만 사람들의 행위에 따라 행복이나 재앙을 내리는 원리가 중국의 하느님은 서양의 하느님과는 약간 다르다。 서양의 하느님은 사람들의 선악을 자세히 분별하여 그 결과에 따라 복이나 벌을 내리지만、 중국의 하느님은 스스로 선악을 분별하지 않는다。 하느님의 뜻은 언제나 선하고 훌륭하여、 그 선한 하느님의 뜻을 따르면 자연히 복이 돌아가게 되고 하느님의 뜻을 어기면 자연히 재난을 당하게 마련이라는 것이다。 이 장에서 정현(鄭玄)은 「하늘의 뜻은 본시 아름답고 복된 것이어서 군자(君子)는 그것을 알고 따를 뿐이고、 하늘의 뜻에는 재난(災難)이 없으나 소인(小人)들은 스스로 그것을 추구하여 받게 되는 것」이라 주를 달고 있다。

제十七장 보국(報國)

~〈충〉은 나라를 위해야 한다~

신하된 사람이 임금에게서 벼슬을 받으면 조상(祖上)들과 후손(後孫)들까지도 영광되게 되는 것이 모두가 임금의 은덕인 것인데도 나라에 보답할 것을 생각하지 않는다면 어찌 〈충〉이라 하겠는가? 군자(君子)라면 녹(祿)이 없어도 임금을 이롭게 해드려야하는 법이니, 녹을 받으면서 하지 않는다는 것은 말도 안된다。

나라에 보답하는 길이 네 가지 있다。 첫째는 현명한 사람들을 추천하는 것이고, 둘째는 좋은 계책을 제시하는 것이며, 세째는 공을 이룩하는 것이고, 네째는 이익을 가져다 주는 것이다。 현명한 사람이란 나라의 기둥이 되고, 계책이란 나라의 규범(規範)이 되며, 공이란 나라를 발전시키는 것이고, 이익이란 나라의 쓰임을 풍족케 하는 것이다。 이것들 모두가 나라에 보답하는 길이니, 오직 능력에 따라서 행하여야만 할 것이다。

《시경》에 이르기를, 「보답이 없는 말이란 없고, 응보가 없는 덕이란 없다」 하였으니, 하물며 충신에 대하여 나라의 응보가 없겠는가?

爲人臣者이, 官於君이면, 先後光慶①이, 皆君之德이어늘, 不思報國이면, 豈忠也哉

아? 君子有無祿而益君②이로되、無有祿而已者③也니라。

報國之道이、有四라。一曰、貢④賢이오、二曰、獻猷⑤요、三曰、立功이오、四曰、興利⑥니라。賢者國之幹⑦이오、猷者國之規⑧요、功者國之將⑨이오、利者國之用⑩이니라。是皆報國之道니、惟其能而行之니라。

詩⑪云、無言不酬⑫요、無德不報라하니、況忠臣之於國乎아?

〔註〕 ①**先後光慶**(선후광경)：조상들에게 영광되고 후손들에게 복이 돌아 가는 것。② **益君**(익군)：임금에게 이익이 되게 하는 것。임금을 보좌 하는 것。③ **已者**(이자)：그만 두는 것。하지 않는 것。곧 임금을 돕지 않는 것。④ **貢**(공)：추천하다。천거하다。⑤ **猷**(유)：계책。계획。⑥ **興利**(흥리)：이익을 일으키다。경제적인 공헌을 뜻함。⑦ **幹**(간)：나무의 줄기。⑧ **規**(규)：규범(規範)。일을 하는 데 있어 표준이 되는 것。⑨ **將**(장)：받드는 것。발전케 하는 것。⑩ **用**(용)：쓰임。경제력을 뜻함。⑪ **詩**(시)：《시경》 대아(大雅) 억(抑)시에 보이는 글。⑫ **酬**(수)：보수。보답을 받다。讎(수)로 된 판본도 있음。

〔解義〕 여기에서는 국민으로서 〈충〉을 바탕으로 하여 나라에 공헌하는 길을 설명하고 있다。나라에 공헌한다는 것은 국민으로서의 의무인데、그 방법에는 네 가지가 있다는 것이다。첫째 인사정책(人事政策)에 공헌하는 길、둘째 정책수립(政策樹立)에 공헌하는 길、세째 시정(施政)이나 군사(軍事)에 공헌하는 길、네째 경제발전(經濟發展)에 공헌하는 길이다。국민이라면、더구나 그 나라의 지식인이라면 이 중 어떤 방법을 통해서라도 나라에 공헌하지 않으면

안된다는 것이다。 정현(鄭玄)도 국민들은 「각자가 자기 능력에 따라 나라에 보답하여야만 하며、그 길은 매우 넓다」고 주를 달고 있다。

제十八장 진충(盡忠)

~언제 어디서나 〈충〉을 다하라~

온 천하가 〈충〉을 다하게 되면 순박(淳樸)한 교화(敎化)가 행해지게 된다。 군자(君子)들이 〈충〉을 다한다는 것은 곧 그의 마음을 다함을 뜻하고、 소인(小人)들이 〈충〉을 다한다는 것은 곧 그의 힘을 다함을 뜻한다。 힘을 다한다는 것은 그 자신에 한정된 일이지만、 마음을 다한다는 것은 곧 그 영향이 먼 곳에까지 널리 미치는 것이다。

그러므로 명철(明哲)한 임금은 다스림에 있어서 현명한 사람을 벼슬자리에 임명하는데 가장 힘을 쓴다。 현명한 신하가 〈충〉을 다하게 되면 임금의 덕이 널리 퍼지기 때문이다。 정치와 교화(敎化)는 그것을 통하여 아름답게 되고、 예의와 음악은 그것을 통하여 흥성(興盛)하게 되고、 형벌은 그것을 통하여 밝아지고、 인애(仁愛)와 은덕(恩德)은 그것을 통하여 널리 퍼지게 된다。

온 세상에 태평(太平)을 즐기는 음악이 널리 퍼지고、 아름답고 복된 일이 다 이루어지면 하늘과 땅의 신기(神祇)에게 제사를 지내며 고해야 한다。 그러므로 아(雅)·송(頌)같은 정악(正樂)으로써 노래불리워지게 되어、 영원 무궁토록 후세에까지 전해지게 되는 것이다。

天下盡忠이면、淳化①行也니라。君子盡忠은、則盡其心이오、小人盡忠은、則盡其力이니라。盡力者則止其身이나、盡心者則洪於遠②이니라。

故로 明王之理也엔、務在任賢이니、賢臣盡忠이면、則君德廣矣니라。政敎以之③而美하고、禮樂以之而興하며、刑罰以之而淸하고、仁惠以之而布니라。四海之內有太平音④하고、嘉祥⑤旣成이면、告于上下⑥니라。是故로 播於雅頌⑦하며、傳於無窮하니라。

〔註〕① **淳化**(순화)：순박한 교화。완전한 교화。② **洪於遠**(홍어원)：먼 곳에까지 널리 영향을 미치다。③ **以之**(이지)：그것으로써。그것을 통하여。④ **太平音**(태평음)：태평을 기리는 노래。태평성세를 구가하는 음악。⑤ **嘉祥**(가상)：아름답고 복된 것。완전한 정치 업적을 뜻한다。⑥ **上下**(상하)：하늘과 땅。여기서는 하늘과 땅의 신。곧 하늘과 땅의 신기(神祇)、천신(天神)과 지기(地祇)。⑦ **雅頌**(아송)：《시경》은 풍(風)・소아(小雅)・대아(大雅)・송(頌)의 네 큰 부류로 나뉘어져 있다。풍은 민요조의 노래들이고、소아 이하는 조정과 종묘(宗廟)에서 쓰던 정악(正樂)이다。특히 대아(大雅)와 송(頌)은 거의가 선왕(先王)들의 위대한 업적을 기리는 내용들이다。

〔**解義**〕이 장은《충경》의 결론으로서 온 나라 사람들이 〈충〉을 다하는 이상적인 경지를 쓴 것이다。여기에서 국민들을 군자(君子)와 소인(小人)의 두 가지로 크게 구분하고 있는데、군자란 벼슬자리에 오를 수 있는 교육을 받은 지식인들을 가리키며、소인이란 무식한 서민들을 뜻한다。여하튼 군자나 소인을 막론하고 모든 사람들이 〈충〉될 때 참된 번영과 평화가 이룩된다는 것이다。유가(儒家)에서 숭상하는 덕목(德目)이 인(仁)・의(義)・예(禮)・지(智) 등 무척 많지마는、개개인의 입장에서 시작하여 온 세계의 문제에 이르기까지 모든 일의 성패

(成敗)를 좌우하는 가장 중요한 것이 〈충〉이라는 것이다.

《논어(論語)》 이인(里仁)편을 보면, 공자(孔子) 스스로 「나의 도(道)는 일(一)로써 관통(貫通)되어 있다」고 말하고 있는데, 공자의 제자인 증삼(曾參)은 그 말을 풀이하여 「선생님의 도는 〈충〉과 〈서(恕)〉일 따름이다」고 설명하고 있다. 그리고 주희(朱熹)는 「사서집주(四書集註)」에서 「자기 자신을 다하는 것을 〈충〉이라 하고, 자기를 미루어 남을 생각하는 것을 〈서〉라 한다」 하였다. 「자기 자신을 다한다」는 것은 「끊임 없이 자신의 성의(誠意)를 다하는 것」을 뜻한다. 忠자는 中·心의 두 자로 이루어져 있는데 「마음에 중정(中正)함을 지니고 있는 것」을 뜻하고, 恕는 如·心의 두 자로 이루어져 있는데 「마음에 자기처럼 남을 생각하는 자세를 지니고 있는 것」을 뜻한다. 주희는 〈충〉은 근본적인 것이고 〈서〉는 대인관계에 있어서의 그 효용을 뜻하므로 「일(一)로 관통(貫通)된다」고 표현할 수 있는 것으로 풀이하였다.

어떻든 이미 공자 스스로가 자신의 학문의 근본을 이루는 것이 〈충〉이라 보았던 것이다. 공자의 다른 나머지 모든 학문이나 사상이 모두 〈충〉으로 관통되며, 또 〈충〉 없이는 아무 것도 이루어지지 않음을 뜻하는 것이다. 후세에 와서는 〈충〉이라는 말을 나라나 임금에 대한 충성(忠誠)만을 뜻하는 것으로 흔히 오해되기도 하였으나 그것은 〈충〉의 일면을 표현하는 것에 불과하다. 자기 스스로를 위해서나 남 또는 사회와 국가를 위해서나 「성실히 자신의 온 뜻과 능력을 다하여 올바로 일하는 것」이 〈충〉인 것이다. 그러기에 모든 사람이 〈충〉될 때 그 사회의 번영과 평화가 이룩된다는 것은 매우 당연한 일인 것이다.

논어(論語)에 보이는
공자(孔子)의 충론(忠論)

《논어(論語)》에 보이는 공자(孔子)의 충론(忠論)

1 증자가 말하였다。『나는 매일 자신에 대하여 세 가지를 반성한다。남을 위하여 일을 꾀하되 충실하지 않았는가? 친구들과 사귐에 있어 신의를 잃었는가? 스승에게서 배운 것을 익히지 않았는가?』

曾子①曰、「吾日三省②吾身하노니、爲人謀、而不忠乎아? 與朋友交、而不信乎아? 傳③、不習乎아?」〔학이(學而)편〕

〔註〕① **曾子**(증자): 공자의 제자。성은 증(曾)、이름은 삼(參)、자는 자여(子輿)、노(魯)나라 사람。특히 효행으로 뛰어났었다。② **三省**(삼성): 세 가지에 대하여 반성하다。세 번 반성하다로 푸는 학자도 있다。③ **傳**(전): 경(經)에 대한 현인(賢人)의 해설。스승의 가르침。

〔**解義**〕 여기의 〈충〉은 국가나 임금에 대한 충성의 뜻 보다는、「충실(忠實)」「충직(忠直)」 등의 뜻을 지니고 있다。이것이 공자의 〈충〉에 대한 본래의 개념이다。

2 자하가 말했다。『어진 사람을 어질게 여기며 여색(女色)을 경시하고、부모를 섬김에 제 힘을 다할 줄 알며、임금을 섬김에 제 몸을 바칠 줄 알고、벗들과 사귐에 자기 말

의 신의를 지키면, 비록 공부하지 않았다 하더라도 나는 반드시 그를 가리켜 공부한 사람이라 하겠다.』

子夏①曰, 「賢賢②하되, 易色③하며, 事父母하되, 能竭其力하며, 事君하되, 能致其身④하며, 與朋友交하되, 言而有信이라도, 雖曰未學이라도, 吾必謂之學矣라 하리라.」〔학이(學而)편〕

〔註〕① **子夏**(자하) : 공자의 제자. 성은 복(卜), 이름은 상(商), 자가 자하임. ② **賢賢**(현현) : 앞의 것은 동사, 뒤의 것은 명사. 곧 현명한 사람을 현명하게 받드는 것. ③ **易色**(역색) : 여색(女色)을 좋아하는 마음을 바꾸다. 여색을 경시하다. ④ **致其身**(치기신) : 그의 몸을 바치다. 제 몸을 희생시키다.

〔解義〕 자하는 공자의 실천주의적인 학문의 성격을 밝히고 있다. 학문이란 글을 배우는 것보다도 도덕적인 수양이 더욱 중요한 것이라는 것이다. 그리고 도덕면에 있어 「임금을 위해 자기 몸을 바쳐 일하는 것」은 임금이나 나라를 위한 충성의 뜻을 지닌 〈충〉의 개념이 형성되어 있다.

3 공자께서 말씀하셨다. 『군자는 중후하지 않으면 위엄이 없고 배워도 튼튼하지 않게 된다. 충성과 신의를 지키며, 나와 방향이 같지 않은 자를 벗하지 말고, 잘못이 있으면 바로 꺼림 없이 고쳐라.』

子曰, 「君子不重①則不威②니, 學則不固니라. 主忠信하며, 無友不如己者③요, 過則勿憚④改니라.」〔학이(學而)편〕

〔註〕 ① **不重**(부중) : 중후(重厚)하지 않은 것。 ② **不威**(불위) : 위엄이 떨치지 않다。 위엄이 없다。 ③ **不如己者**(불여기자) : 자기와 같지 않은 자。 자기와 행동 방향이 같지 않은 자。 ④ **憚**(탄) : 꺼리다。

〔**解義**〕 군자는 무엇보다도 중후(重厚)한 덕이 있어야만 하는데, 그 중후한 덕은 〈충〉과 〈신(信)〉을 바탕으로 하여 이루어지는 것이다。〈충〉을 〈효〉와 연결시킬 적에는 임금과 나라에 대한 충성의 뜻이 강하지만, 〈충〉을 〈신〉과 연결시킬 때에는 아무래도 충실이나 성실의 뜻이 더 강하게 느껴진다。

4 계강자가 물었다。『백성으로 하여금 공경스럽고 〈충〉되며 부지런히 힘쓰게 하려면 어떻게 하면 되겠읍니까?』 공자께서 말씀하셨다。「백성을 장중(莊重)하게 대하면 공경스러워지고, 〈효〉와 자애(慈愛)를 행하게 하면 〈충〉되게 되고, 선인(善人)을 등용하고 무능한 사람을 가르쳐 주면 부지런히 힘쓰게 될 것이다。」

季康子①問,「使民敬忠以勸②하되, 如之何리이꼬?」 子曰,「臨之以莊③則敬하고, 孝慈則忠하고, 擧善而敎不能則勸이니라。」〔위정(爲政)편〕

〔註〕 ① **季康子**(계강자) : 노(魯)나라의 대부, 계손씨(季孫氏) 집안 사람。이름은 비(肥)。노나라 세도가 중의 한 사람이었음。 ② **勸**(권) : 권면(勸勉)하다。 부지런히 힘쓰다。 ③ **莊**(장) : 장중(莊重)함。 용모와 행동이 단정하고 위엄이 있는 것。

〔**解義**〕 계강자가 백성으로 하여금 자기에게 〈충〉을 다하도록 하려면, 먼저 백성들이 자식은

〈효〉를 다하고 부모는 자애롭도록 만들어야 한다고 하였다。공자는 이처럼 〈충〉과 〈효〉는 불가분의 관계에 있다고 생각했던 것이다。

5 공자께서 말씀하셨다。『임금을 섬기는데 예를 다하는 것을 남들은 아첨한다고 여기는구나。』

子曰、「事君盡禮를、人이 以爲諂也라 하난다。」〔팔일(八佾)편〕

〔解義〕 임금에게 〈충〉을 다하는 데 있어서도 올바른 예를 따라야함을 강조한 말임。

6 정공이 물었다。『임금이 신하를 부리고、신하가 임금을 섬기자면 어떻게 해야 합니까?』공자께서 대답하셨다。『임금은 신하를 예로써 부리고 신하는 임금을 〈충〉으로써 섬기면 됩니다。』

定公問、「君使臣하며、臣事君하되、如之何니꼬?」孔子對曰、「君使臣以禮하며、臣事君以忠이니이다。」〔팔일(八佾)편〕

〔解義〕 여기서 임금을 〈충〉으로 섬기라 하였지만、앞 대목의 예로 보아 그 〈충〉은 역시 예와 조화가 되는 것이어야 한다。

7

공자께서 말씀하셨다. 『삼아! 나의 도(道)는 하나로 관통되어 있다.』 증자는 『그렇습니다』 하고 대답했다. 공자께서 나가시자 한 제자가 물었다. 『무슨 뜻입니까?』 증자가 말하였다. 『선생님의 도는 〈충〉과 〈서(恕)〉일 따름이니라.』

子曰、「參乎아! 吾道는、一以貫之니라.」 曾子曰、「唯①라.」 子出커시늘、門人이 問曰、「何謂也니꼬?」 曾子曰、「夫子之道는、忠恕②而已矣니라.」〔이인(里仁)편〕

〔註〕 ① 唯(유) : 네, 그렇습니다. ② 恕(서) : 자기의 입장에 비추어 남을 생각하는 것.

〔解義〕 증자는 공자의 도가 〈충〉과 〈서〉로 관통되어 있다 하였다. 그것은 공자가 주장하는 〈인(仁)〉이 〈충〉과 〈서〉를 바탕으로 하여 이루어진다는 것을 뜻한다. 〈충〉은 정성을 다하여 모든 일에 임한다는 개인의 기본 자세를 뜻하고, 〈서〉는 남을 대할 때 늘 자신의 입장으로 바꾸어 놓고 남을 생각한다는 것이다. 여기의 〈충〉은 나라에 대한 충성 뿐만 아니라 개인의 성실한 마음가짐까지도 뜻하는 넓은 의미로 쓰인 것이다.

8

자유가 말했다. 『임금을 섬김에 있어 번거롭게 굴면 욕을 보게 되고, 친구에게도 번거롭게 굴면 소원(疏遠)하게 된다.』

子游曰①、「事君數②이면、斯辱矣요、朋友數이면、斯疏③矣니라.」〔이인(里仁)편〕

〔註〕 ① **子游**(자유)：공자의 제자。성은 언(言)、이름은 언(偃)、자유는 그의 자。② **數**(삭)：자주 번거롭히다。귀찮게 굴다。너무 자주 간하는 것 등을 뜻함。③ **疏**(소)：멀어지다(관계가)。

〔解義〕〈충〉을 행하는데 있어 아무리 좋은 얘기라도 너무 여러번 자주 하고、간하는 말도 너무 자주 하면 반드시 임금의 미움을 받아 벌을 받던가 쫓겨나게 된다。올바른 말도 몇 번 하여 듣지 않으면 그 임금을 버리고 떠나는 수 밖에 없음을 뜻한다。

9

자장이 여쭈었다。『영윤(令尹) 자문(子文)은 세 번이나 출사(出仕)하여 영윤이 되었었는데 기뻐하는 빛이 없었고、세 번 그만둘 적에는 노여워하는 빛이 없었으며、전임 영윤의 정사를 반드시 신임 영윤에게 일러 주었는데、어떻습니까?』

공자께서 말씀하셨다。『〈충〉되다。』『인(仁)하다고도 하겠읍니까?』

『잘은 모르지만 인하다고 할 수야 있겠느냐?』

子張①이 問曰、「令尹子文②이、三仕爲令尹하되、無喜色하며、三已之③하되、無慍色하여、舊令尹之政을、必以告新令尹하니。何如하니이꼬?」子曰、「忠矣니라!」曰、「仁矣乎니꼬?」曰、「未知나、焉④得仁이리오?」〔공야장(公冶長)편〕

〔註〕 ① **子張**(자장)：공자의 제자。성은 전손(顓孫)、이름은 사(師)、자장은 그의 자。진(陳)나라 사람。② **令尹子文**(영윤자문)：令尹은 재상(宰相)에 해당하는 초(楚)나라의 벼슬。子文은 초나라의 대부(大夫)、성은 투(鬪)、이름은 곡오도(穀於菟)。③ **已之**(이지)：영윤 벼슬을 그만 두는 것。④ **焉**

(언) : 어찌.

〔解義〕 여기의 〈충〉은 충실하다는 뜻. 〈충〉이 인(仁)의 바탕이 됨은 사실이지마는 〈충〉이 곧 인은 아니다. 인에는 〈충〉 이외에도 〈서(恕)〉 곧 남을 생각해 주고 남을 사랑하는 따스한 마음가짐이 더 필요한 것이다.

10

子曰, 「十室之邑①에, 必有忠信이, 如丘②者焉이어니와, 不如丘之好學也니라.」〔공야장(公冶長)편〕

공자께서 말씀하셨다. 『열 집이 있는 고을이면 반드시 〈충〉과 신(信)에 있어서는 나와 같은 사람이 있겠지만, 나만큼 학문을 좋아하지는 못할 것이다.』

〔註〕 ① **十室之邑**(십실지읍) : 열 집이 있는 고을. 조그만 고을. ② **丘**(구) : 공자의 이름.

〔解義〕 공자가 〈충〉과 신(信)을 가벼이 생각한 것이 아니라, 여기에서는 특히 자신의 호학(好學)을 강조하기 위하여 이런 말을 하고 있는 것이다.

11

子以四敎하시니, 文·行·忠·信이니라. 〔술이(述而)편〕

공자께서는 네 가지를 가르치셨으니, 학문·행실·〈충〉·신의였다.

〔解義〕 공자가 가르친 것으로 학문·행실과 〈충〉·신의의 네 가지가 있는데, 정자(程子)는 「사람들에게 학문과 행실을 가르친 것은 〈충〉·신의를 구현하기 위해서이다. 〈충〉·신의가 그 근본인 것이다」고 이 대목을 설명하였다.

12 공자께서 말씀하셨다. 『〈충〉과 신의를 지키며, 나와 방향이 같지 않은 자를 벗하지 말고, 잘못이 있으면 거리낌없이 고쳐라.』

子曰, 「主忠信하며, 毋友不如己者요, 過則勿憚改니라.」〔자한(子罕)편〕

〔解義〕 앞 학이(學而)편에 이미 이 말이 보였음.

13 자장이 덕을 숭상하는 것과 미혹됨을 가리는 것에 대하여 질문하자, 공자께서 말씀하셨다. 『〈충〉과 신의를 지키고 의로움으로 옮아가는 것이 덕을 숭상하는 것이다. 사랑하면 그가 살기를 바라고 미워하면 그가 죽기를 바라지만, 사람이 살기를 바라기도 했다가 또 죽기를 바라기도 했다 하는 것은 바로 미혹된 것이다.』

子張問崇德辨惑한대, 子曰, 「主忠信하며, 徙義, 崇德也니라. 愛之欲其生하고, 惡之欲其死하나니, 既欲其生이오, 又欲其死는, 是惑也니라.」〔안연(顏淵)편〕

〔解義〕 덕을 숭상하는 일도 〈충〉과 신의를 지키는 것이 기본이 됨을 강조하고 있다. 사람의

목숨은 하늘에 달려 있는 것인데、 같은 사람끼리 누가 죽기를 바라거나 살기를 바라는 것은 미혹된 일임은 거듭 얘기할 것도 없다。

14

제나라 경공이 공자에게 정치에 관하여 질문하자、 공자께서 말씀하셨다。『임금은 임금다워야 하고、 신하는 신하다워야 하며、 아버지는 아버지다워야 하고、 자식은 자식다워야 합니다。』 경공이 말하였다。『훌륭한 말입니다! 정말 임금이 임금답지 못하고、 신하가 신하답지 못하며、 아버지가 아버지답지 못하고、 자식이 자식답지 못하다면、 비록 곡식이 있다한들 내가 먹을 수 있게 되겠읍니까?』

齊景公①問政於孔子한대、 孔子對曰、「君君②、 臣臣、 父父、 子子니이다。」 公曰、「善哉라! 信如③君不君하며、 臣不臣하며、 父不父하며、 子不子면、 雖有粟④이나、 吾得而食諸아?」〈안연(顔淵)편〉

〔註〕 ① **齊景公**(제경공) : 제나라 경공(B·C·五四七~四八七)。 영공(靈公)의 아들。 ② **君君**(군군) : 앞의 것은 명사、 뒤의 것은 동사(이하 모두 같음)。 곧 임금이 임금답다。 임금이 임금 노릇을 제대로 하다。 ③ **信如**(신여) : 진실로 만약……。 ④ **粟**(속) : 조。 여기서는 곡식을 뜻함。

〔**解義**〕 여기서도 〈충〉과 〈효〉가 정치의 기본이 됨을 역설하고 있다。「임금이 임금답고、 신하가 신하답다」는 것은 〈충〉의 현상이고、「아버지는 아버지답고、 자식은 자식답다」는 것은 〈효〉의 현상인 것이다。

15 자장이 정치에 대하여 묻자, 공자께서 말씀하셨다. 『집에 있어서는 게을리 하지 말고, 일을 행함에 있어서는 〈충〉으로써 하라.』

子張問政한대。子曰、「居之無倦하며、行之以忠이니라。」〔안연(顏淵)편〕

〔解義〕 여기서도 정치의 바탕이 〈충〉임을 강조하고 있다. 「게으름 피지 않고, 충실히 일하는 것」이 바로 〈충〉인 것이다.

16 번지가 인(仁)에 관하여 묻자 공자께서 말씀하셨다. 『일상생활에 공손하고, 일을 행함에 공경스럽고, 사람들과 어울릴 때에는 〈충〉되어야 한다. 이것은 비록 오랑캐 땅에 가더라도 버릴 수가 없는 것이다.』

樊遲①問仁한대、子曰、「居處恭하며、執事敬하며、與人忠을。雖之夷狄②이라도、不可棄也니라。」〔자로(子路)편〕

〔註〕 ① **번지**(樊遲) : 공자의 제자. 성이 번, 이름은 수(須), 자는 자지(子遲). 노나라 사람. ② **夷狄**(이적) : 오랑캐들. 오랑캐 사는 곳.

〔解義〕 인(仁)의 바탕이 〈충〉이다. 개인적으로 공손하고 공경스러우라고 말하고 있지만, 사람이 충실하기 위해서는 자연히 공손하고 공경스럽지 않을 수가 없는 것이다. 따라서 공손·공경 같은 것은 〈충〉의 일면이라고 말할 수도 있을 것이다.

17

공자께서 말씀하셨다。『사랑한다 해서 수고롭히지 않을 수 있겠는가? 〈충〉되다고 해서 가르쳐 주지 않을 수 있겠는가?』

子曰、「愛之란、能勿勞乎아? 忠焉이란、能勿誨①乎아?」〔헌문(憲問)편〕

〔註〕 ① 誨(회) : 깨우치다。가르치다。

〔解義〕 사람은 〈충〉되다 하더라도 계속 공부해야 한다。그래야만 정말로 바르고 큰 일을 이룰 수가 있기 때문이다。

18

자로가 임금을 섬기는 일에 대하여 묻자、공자께서 말씀하셨다。『속이지 말고、면전에서도 간하라!』

子路問事君한대、子曰、「勿欺①也요、而犯②之니라。」〔헌문(憲問)편〕

〔註〕 ① 欺(기) : 속이다。거짓말 하다。② 犯(범) : 임금 앞에서 굽히지 않고 옳은 말을 하는 것。

〔解義〕 여기서는 공자의 〈충〉의 성격의 일면을 가르쳐 주고 있다。

19

자장이 행실에 대하여 묻자, 공자께서 대답하셨다. 『말을 〈충〉되고 신의있게 하고, 행동을 독실하고 공경스럽게 하면 비록 오랑캐 나라라 하더라도 통할 것이나, 말에 〈충〉과 신의가 없고, 행동이 독실하고 공경스럽지 않으면 비록 향리(鄕里)라 하더라도 통하겠느냐? 서 있을 때에도 눈 앞에 그러한 말과 행동으로 어울리고 있나 살펴보고, 수레를 타도 수레 멍에에 그러한 말과 행동을 걸고 있나 살펴보라. 그래야 제대로 행실을 할 수가 있다.』 자장은 이 말을 자기 띠에 적어 두었다.

子張問行한대, 子曰, 「言忠信하며, 行篤敬이면, 雖蠻貊之邦①行②矣어니와. 言不忠信하며, 行不篤敬이면, 雖州里③行乎哉아? 立則見其④參乎前⑤也요, 在輿⑥則見其倚於衡也⑦니. 夫然後行이니라.」 子張書諸紳⑧하니라. 〔위령공(衛靈公)편〕

〔註〕 ① **蠻貊之邦**(만맥지방) : 오랑캐의 나라. ② **行**(행) : 통행되다. 통하다. ③ **州里**(주리) : 향리(鄕里). 자기의 고을과 동리. ④ **其**(기) : 그러한 말과 행동. ⑤ **參乎前**(참호전) : 앞에서 어울리고 있다. ⑥ **輿**(여) : 수레. ⑦ **倚於衡**(의어형) : 수레 멍에에 걸려 있는 것. 곧 올바른 말과 행동을 위해서 수레를 타고 있나 보는 것을 뜻함. ⑧ **紳**(신) : 큰 띠. 예복의 띠.

〔**解義**〕 여기서도 〈충〉과 신의를 합쳐 사람이 말을 하는데 있어서 꼭 지켜야만 할 덕목(德目)으로 내세우고 있다. 그리고 행동은 독실하고 공경해야 함을 강조하고 있지만, 독실과 공경도 〈충〉의 일면이라고 볼 수 있는 것이다.

20

공자께서 말씀하셨다. 『군자는 아홉 가지 생각하는 바가 있다. 봄에는 밝기를 생각하고, 들음에는 총명하기를 생각하고, 안색은 온화할 것을 생각하고, 태도는 공손할 것을 생각하고, 말은 〈충〉을 생각하고, 일에는 공경스러울 것을 생각하고, 의심스러울 때에는 물을 것을 생각하고, 격분할 때에는 환난을 당할 것을 생각하고, 이득을 보면 의로움을 생각한다.』

孔子曰, 「君子有九思하니, 視思明하며, 聽思聰하며, 色思溫하며, 貌思恭하며, 言思忠하며, 事思敬하며, 疑思問하며, 忿思難하며, 見得思義니라.」〔계씨(季氏)편〕

〔解義〕 여기서도 특히 사람들의 언행에 있어서의 〈충〉을 강조하고 있다. 말이란 대인관계의 바탕이 되는 것이므로 가장 중요하게 생각하고 여기에 〈충〉을 적용시킨 것이다. 그렇다고 해서 개인의 마음가짐이나 일을 하는 데 있어서는 〈충〉이 없어도 된다는 뜻은 아니다.

孝經

「효경(孝經)」 解題(해제)

一、《효경》의 뜻과 내용

중국의 유가(儒家) 경전(經典)들 중에는 오경(五經)을 비롯하여 십삼경(十三經)에 이르는 수 많은 책들이 있고, 책 이름 자체에 《시경(詩經)》·《서경(書經)》·《역경(易經)》 등 〈경〉자가 붙어 있는 것들도 여러 개가 있다. 그러나 유가의 십삼경(十三經) 중 처음부터 책명으로 〈경〉자가 붙어서, 〈경〉자를 빼어 놓으면 책 이름이 되지 않는 것은 《효경》이 유일한 것이다.

《시경》·《서경》·《역경》 같은 경전들은 본시 시(詩)·서(書)·역(易) 등으로만 불렀다. 선진(先秦)시대의 전적(典籍) 속에는 《시경》·《서경》 등의 호칭은 전혀 보이지 않는다. 《예기(禮記)》에 경해(經解)편이 있고, 《장자(莊子)》 천운(天運)편에는 「육경(六經)」, 같은 천도(天道)편에는 「십이경(十二經)」이란 말이 보이나, 적어도 전국(戰國)시대 말엽에는 특수한 책들을 높이는 뜻에서 〈경〉이라 부르기 시작했던 것 같다. 그러나 책 이름으로서 〈경〉자를 붙여 부르는 습관은 훨씬 후세에 생겨난 일이다. 현재 전하는 경전에 관한 책들을 조사하여 보면 남송(南宋) 초기에 이루어진 요강(廖剛)의 《시경강의(詩經講義)》가 책명에 〈경〉자를 붙여 쓴 최초의 책인 듯하며, 《시경》·《서경》·《역경》의 서명이 일반화한 것은 더욱 후대인 명(明)대부터이다.

그러나 《효경》만은 예외여서 《효경》은 처음부터 〈경〉자가 책 이름으로 붙여졌었다. 《효경》을 다른 경전들의 경우처럼 단순히 「효」라고 부른 예는 없다. 이것은 《시경》이 본래는 주(周)나라 시대에 유행하던 시가집이었고, 《서경》이 옛 사관(史官)들의 기록을 모은 책이며, 《역경》이 점치는데 쓰이던 책이었던 것과는 성격이 다름을 뜻한다. 《시경》·《서경》·《역경》 등은 본시부터 〈경〉으로서의 성격을 띤 내용의 글이 아니었으나, 후에 공자가 이것들을 정리하고 편찬하여 세상 사람들을 가르치는 데 쓸 교과서로 삼았기 때문에 〈경〉으로 격이 높혀졌던 것이다. 이에 비하여 《효경》이 처음부터 〈경〉자를 붙여 《효경》이라 불렀다는 것은, 이 책만은 처음부터 만인의 교과서가 될 〈경〉으로서 씌어졌고 또 읽혔었다는 것을 의미한다.

반 고(班固：三二~九二)는 《한서(漢書)》 예문지(藝文志)에서,

「〈효〉라는 것은 하늘의 법도이고, 땅의 의리(義理)이며, 백성으로서의 행실인 것이다. 이처럼 위대한 것을 들어 논하였기 때문에 《효경》이라 말하는 것이다.(夫孝、天之經、地之義、民之行也擧大者言、故曰孝經。)」

고 《효경》의 뜻을 해설하고 있다. 다시 정현(鄭玄：一二七~二〇〇)은 《효경주서(孝經註序)》에서,

「《효경》이란 것은 삼재(三才：하늘과 땅과 사람)의 경위(經緯)이며 오행(五行)의 기강(紀綱)인 것이다. 〈효〉란 모든 행실의 으뜸이요, 〈경〉이란 바뀌어지지 않는다는 칭호이다。(孝經者、三才之經緯、五行之綱紀、孝爲百行之首、經者不易之稱。)」

고 《효경》의 뜻을 해설하였다. 또 공안국(孔安國)은 《고문효경서(古文孝經序)》에서 《효경》이

란 무엇인가? 〈효〉란 사람의 고상한 행실이요, 〈경〉이란 영원 불변의 도이다.(孝經者, 何也? 孝者, 人之高行：經, 常也.)고 하였다. 곧 처음으로 《효경》을 세상에 드러낸 한(漢)대의 학자들은 〈효〉 자체를 「하늘의 법도와 땅의 의리와 사람의 행실이 되는」 곧 「삼재(三才)의 기강(紀綱)이 되는」 우주에서 가장 위대한 원리로서 파악하였다. 《효경》의 본문에도 이런 뜻을 자세히 해설하고 있다. 따라서 〈효〉란 개인의 윤리에서 그치지 않고, 집안에서 시작하여 사회와 나라와 온 세계를 평화와 질서로 이끄는 기본 윤리로 해설되고 있는 것이다. 여기에 붙여서 〈경〉이란 말까지도 「영원히 불변하는 법칙」 또는 「세상에서 가장 위대한 것」이란 뜻이라 해석하고 있다. 그러나 아마도 《효경》의 원 작자는 〈경〉이란 글자만은 육경(六經)의 경우처럼 책을 높이는 뜻에서 붙였을 것으로 여겨진다.

《효경》에는 내용상 크게 다른 판본으로 고문(古文)에 속하는 공안국(孔安國)의 전(傳)이 붙은 이십이장(二十二章)으로 이루어진 것과, 금문(今文)에 속하는 정현(鄭玄)의 주(注)가 붙은 십팔장(十八章)으로 이루어진 것의 두 가지가 있다. 금문과 고문에 대하여는 뒤 四절에서 자세히 설명할 예정이다. 그런데 고문 《효경》은 양(梁)나라 말엽에 없어지고, 지금은 공자가 살던 집 벽 속에서 나왔다는 판본과 일본에 전해졌다는 판본이 전해지고 있으나 모두가 후세의 위작임이 분명하다. 고문 《효경》은 이십이장이라 하지만 실제로는 스물 두자로 된 제一九장 규문(閨門) 한 장이 더 많을 뿐이고, 나머지는 금문 《효경》의 제七장 삼재(三才)를 둘로 나누고, 제九장 성치(聖治)를 셋으로 나누어 형식적으로만 장수를 늘려놓았을 뿐이다. 그러나 금문본만은 경문(經文)이 지금까지 전해지고 있고, 당(唐) 현종(玄宗)이 주(注)를 달고 그것이 《십삼경주소(十三經注疏)》 속에 들어 가면서 《효경》의 경문은 십팔장으로 된 것이 널리 읽혔을 뿐만 아니라 옛 모습을 갖춘 경문으로 믿어지고 있다.

다시 송(宋)대에 들어와 성리학(性理學)의 대사(大師)인 주희(朱熹：一一三〇~一二〇〇)는 《효경간오(孝經刊誤)》에서 고문본을 근거로 하되 이 중 이백 이십 삼자(字)를 깎아내어 버리고, 보통 《효경》의 제一장에서 제六장까지를 합쳐 일장으로 만들고 이를 〈경(經)〉이라 하고, 나머지를 다시 배열하여 〈전(傳)〉 십사장으로 만들어 놓았다. 이것은 그가 《사서(四書)》 중의 《대학(大學)》을 〈경〉 일장, 〈전〉 십장으로 만들었던 수법을 그대로 응용한 것이다. 주희 개인의 주관적(主觀的)인 재정리 작업임은 재언할 필요도 없다. 뒤에 원(元)나라 오징(吳證：一二四九~一三三一)은 다시 금문본을 근거로 《효경정본(孝經定本)》에서 주희의 수법을 본떠서 그 내용을 〈경〉 일장, 〈전〉 십이장으로 정리하였는데, 특별한 판본으로 열거(列擧)할 거리도 못되는 것이다.

《효경》은 매우 짧은 글이다. 금문본 십팔장 중 가장 긴 성치(聖治)장이 이백 팔십 팔자이고 가장 짧은 오형(五刑)장은 삼십 칠자인데, 짧은 장들이 대부분인 편이다. 그러니 더 쪼개고 붙이고 할 성질의 것도 아니려니와, 주관(主觀)에 의한 개편은 학자적인 태도로서도 삼가야만 할 일인 듯하다.

청(淸) 기윤(紀昀：一七二四~一八〇五)은 《사고전서총목제요(四庫全書總目提要)》 경부(經部) 효경류(孝經類)의 해제에서 다음과 같은 말을 하고 있다.

「지금 그 문장을 볼 것 같으면 이대(二戴)의 기록 〔대덕(戴德)의 《대대례기(大戴禮記)》와 대성(戴聖)의 《소대례기(小戴禮記)》를 가리킴」에 아주 가까우니, 요컨대, 칠십자(七十子)의 무리〔공자의 제자들을 뜻함〕가 남긴 글일 것이다。 만약 하간헌왕(河間獻王)이 일백 삼십 일편(篇) 가운데 채입(採入)했더라면 〔《한서(漢書)》 예문지(藝文志) 예류(禮類)에 「기(記)」 백삼십 일편이 있고, 하간헌왕은 이름이 덕(德)이며 경제(景帝)의 아들인데, 《수서(隋書)》 경적지(經籍志)에는 그가 「기(記)」 일백 삼십 일편을 획득했다 하였다〕, 곧 《예기(禮記)》의 한 편이 되어 있을 것이다。 그것은 《예기》의 유행(儒行)편, 치의(緇衣)편과 비슷한 종류의 것이다。 다만 그것이 따로 단행본(單行本)으로 전해지고 공자가 지었다는 명분 아래 또 전하고 기록하는 사람들이 장을 나누고 장명(章名)을 붙이어 스스로 한 경(經)으로 행세하게 되었다。」

《효경》이 〈효〉의 윤리를 해설하고 있기는 하지만, 그 내용이나 문장의 성격이 《예기(禮記)》의 한 편과 비슷한 것임은 누구나 인정치 않을 수가 없을 것이다。

二、《효경》의 저자와 저작연대

《한서(漢書)》 예문지(藝文志)에 「《효경》이란 공자가 증자(曾子)를 위하여 〈효〉의 도를 진술한 것이다」라고 하였고, 또 한(漢)대의 위서(緯書)인 《효경구명결(孝經鉤命訣)》에 「공자는 뜻은 《춘추(春秋)》에 표현하였고, 행실은 《효경》에 표현하였다」고 말하고 있어서, 후세의 학자들은 공자가 《효경》을 지었다고 일반적으로 생각하였었다。 사신(史晨)의 《봉사공자묘비(奉祀孔子廟碑)》에 「〔공자께선〕이에 《춘추》를 지으시고 다시 《효경》을 쓰셨다」하였고, 《백석졸

사비(百石卒史碑)》에는 「공자께서 《춘추》를 지으시고 《효경》을 저작하셨다」고 하였고, 정현(鄭玄)은 《육예론(六藝論)》에서 「공자께서는 육경(六經)의 제목이 같지 않고, 취지가 서로 달라서 올바른 도가 흩어져 없어져 후세 사람들은 그 근원을 알 수가 없게 될까 두려워 하였기 때문에 《효경》을 지어서 그것들을 총괄(總括)하셨다」고 말하고 있다。 이 밖에 위서(緯書)인 《원신계(援神契)》、《중계(中契)》 및 《공자가어(孔子家語)》 등에서 모두 공자의 《효경》 저술을 주장하고 있다。 이로써 본다면 한대(漢代) 학자들은 모두 《효경》은 공자가 지은 것이다 믿는 한 편, 경전 중에서의 그 지위도 굉장히 높게 평가하고 있었던 것 같다。

다만 사마천(司馬遷 : B·C·一四五~八六)의 《사기(史記)》 중니제자열전(仲尼弟子列傳)을 보면 증삼(曾參)의 전기에서 「공자는 그(증자)가 효도에 능통하다고 생각하였기 때문에 그에게 〈효〉를 가르쳐 주어 《효경》을 지었다」고 말하고 있다。 이 때문에 《효경》은 증자가 지은 것이라고 주장하는 학자들도 있게 되었다。 《고문효경(古文孝經)》의 공안국(孔安國)의 서(序) 도잠(陶潛)의 《오효전(五孝傳)》、 황도주(黃道周)의 《효경집전전주(孝經集傳全注)》、 동정(董鼎)의 《효경대의(孝經大義)》에 붙여진 웅화(熊禾)의 서(序) 같은 것이 그 보기이다。 그러나 이들도 기록자에 대한 주장이 약간 다를 뿐, 실상 그 내용은 공자의 가르침이라는 데 이의(異議)를 가진 사람은 없다。

이들 일부의 학자를 제외하면 한(漢) 이후의 거의 모든 학자들이 《효경》은 《춘추》와 함께 공자가 직접 지은 것이라 생각하여 왔다。 그러나 공자가 지은 책으로서는 의문나는 점이 한두 가지가 아니다。

첫째、공자가 지은 책이라면 공자 스스로 거기에 〈경〉이란 책을 높이는 말을 붙였을 리가 없다。한대의 학자들은 정현(鄭玄)이 「〈효〉란 모든 행실의 으뜸이요、〈경〉이란 바뀌어지지 않는다는 칭호」라고 해석했던 식으로 돌려서 해석을 하였지만、〈경〉이 일반적으로는 「위대한 책」 곧 「고문전책(高文典册)」을 뜻하였다。공자가 자신이 지은 책을 자기 스스로 「위대한 책」이라 부르지는 않았을 것이다。

둘째、《효경》 첫머리가 「중니(仲尼)께서 한가이 계실 적에 증자가 모시고 앉아 있었다(仲尼居、曾子侍。)」는 말로 시작되고 있는데、공자가 자기 제자를 「증자」라는 존칭으로 불렀을 **리**가 없다。또 자기 자신을 자로써 자칭했을 리도 없다。증자로서도 선생이나 자기 자신을 이런 호칭으로 부를 수가 없는 일이다。

이 밖에도 이미 앞에서 《효경》은 《예기(禮記)》의 한 편과 같은 성질의 문장이라 하였지만 그 내용이나 사상과 문장 등에도 공자의 저술로서는 많은 문제가 있다。예를 들면 삼재(三才)·성치(聖治)·사군(事君)같은 장들은 《좌전(左傳)》의 글에서 따온 내용인 듯하다。그 사상에 관하여는 뒤의 제三절을 참조해 주기 바란다。이 때문에 일찌기 진규(陳騤)、왕응진(汪應辰) 같은 학자들이 《효경》이 후세의 위작(僞作)일 것이라 의심했었다(《사고전서총목제요(四庫全書總目提要)》 효경류(孝經類) 해제(解題)에 보임。다만 왕응진의 설은 주희(朱熹)의 《효경간오(孝經刊誤)》 자기(自記)、정형(程逈)의 《답주자론효경서(答朱子論孝經書)》 및 황진(黃震)의 《황씨일초(黃氏日鈔)》 등에 보이나、진규의 이론은 근거를 알 수 없다)。그리고 기윤(紀昀)은 《사고전서총목제요》 효경류의 해제에서 《효경》은 공자의 제자인 「칠십자(七十子)」의

무리들이 남긴 글」이라 하였다。

주희(朱熹)도 《효경》이 공자의 저작이라는 점에 대하여는 크게 의심하고 있었다。 이런 때문에 지금 와서는 《효경》을 공자의 저작이라고 생각하는 학자는 극히 드물다。 다음 절에서도 얘기하겠지만、 이는 증자의 제자들의 저작일 것이며、 공자와 증자의 문답은 가설(假設)일 것으로 생각한다。

그러면 《효경》이란 언제 지어진 책인가? 후한(後漢) 채옹(蔡邕 : 一三二~一九二)의 《명당론(明堂論)》을 보면 위(魏)나라 문후(文侯)의 《효경전(孝經傳)》이 인용되어 있으니、 위나라 문후가 《효경전》을 지었다면 《효경》은 이미 전국(戰國)시대 초엽에 있었던게 된다。 그러나 불행히도 이 《효경전》은 전하지도 않고 있으려니와、 후세 사람이 그에게 의탁(依託)한 가짜였을 거라고 의심하는 학자들이 많다〔예를 들면 굴만리(屈萬里) 《고적도독(古籍導讀)》 중편(中編)〕。 그러나 《여씨춘추(呂氏春秋)》 심미(審微)편에도 《효경》의 제후(諸侯)장의 글이 인용되어 있으니、 적어도 전국시대 말엽에도 《효경》이 이미 존재했었다고 보는 수 밖에 없을 것이다。 이 이상의 《효경》 저작 연대는 고증할 길이 없다。

三、《효경》의 사상

《효경》을 보면 우선 〈효〉는 「지극한 덕이며 중요한 도〔至德要道 : 제一장〕」이고、 「하늘의 법도요 땅의 의리〔天之經也、 地之義也。 : 제七장〕」이기 때문에 「사람의 행실로서는 〈효〉보다 위대한 것이 없다〔人之行、莫大於孝。〕」는 기본 개념에서 출발하고 있다。그래서 〈효〉는 사람의 모든 행위를 다 포괄(包括)하게 되어 「〈효〉라는 것은 어버이를 섬기는 것이 시작이지만、다음은 임금을 섬기는 일이 되고、끝으로는 입신양명하는 것이 된다〔夫孝者、始於事親、中於事君、終於立身。: 제一장〕」고 말하고 있는 것이다。

그래서 자기 자신의 「몸과 머리털과 피부도 부모에게서 물려받은 것이니、감히 손상시키지 않는 것이 〈효〉의 시작이다〔身體髮膚、受之父母、不敢毁傷、孝之始也。〕」고 하면서 첫째 자기 몸을 잘 보전하고、다음에는 「올바로 몸을 세우고 도를 행하여 후세에 이름을 드날리어야 한다〔立身行道、揚名於後世。〕」고 말하고는、천자가 천하를 다스리는 것에서부터 시작하여 제후가 나라를 다스리는 것、경대부(卿大夫)들이 집안을 다스리는 것、사(士)가 자기 벼슬자리를 지키는 것、서민(庶民)들이 각자가 맡은 생업(生業)에 종사하는 일에 이르는 모든 것을 〈효〉를 바탕으로 풀이하고 있는 것이다。다시 말하면 이 세상의 모든 도덕과 사람들의 일이 모두 〈효〉를 바탕으로 하여 이루어진다는 것이다。

《논어(論語)》 학이(學而)편을 보면 유자(有子)의 말을 인용하여 「군자는 근본에 대하여 힘써야만 하는데、근본이 서야만 도가 생겨나기 때문이다。〈효〉와 우애란 것은 인(仁)을 행하는 근본이 되는 것이다〔君子務本、本立而道生。孝悌也者、其爲仁之本與。〕」고 말하고 있다。이에 따르면 공자도 본시 〈효〉를 근본으로 한 도덕론(道德論)이 있었던 것은 사실이다。그러나 《논어》에서 〈효〉가 「인을 행하는 근본」이 된다는 것은 무슨 일이나 가까운 것에서부터 해나가야만 한다는 뜻에서、다른 도덕을 얘기하기 전에 먼저 적어도 〈효〉와 우애부터 실천해

나가야만 한다는 것이지. 〈효〉가 모든 덕목(德目)과 모든 사람의 행실을 총괄(總括)한 것이라는 뜻은 아니다. 공자에게 있어 모든 덕목을 포괄할 수 있는 것은 오히려 〈효〉라기 보다는 「인(仁)」이었다고 보는게 옳을 것이다.

그럼에도 불구하고 《효경》에서 〈효〉를 사람들의 모든 도덕과 행위를 포괄하는 것으로 해석하고 있는 것은, 이것이 직접 공자에 의하여 씌어진 것이 아님은 물론이요 바로 그 제자인 증자의 손에 이루어진 것도 아님을 뜻하는 것이라 하겠다. 《논어》 이인(里仁)편을 보면, 공자가 「나의 도는 하나로써 관통되어 있다〔吾道一以貫之。〕」고 한 말을 풀이하여 증자는 「선생님의 도는 충과 서일 따름입니다〔夫子之道, 忠恕而已矣。〕」고 대답하고 있다. 곧 공자의 중심사상은 자기의 정성을 다하는 것을 뜻하는 「충」과 자기의 입장에서 미루어 남을 헤아리는 「서」로써 모든 사리(事理)에 관통되고 있다는 것이다. 만약 정말로 《효경》을 증자가 쓴 것이라면 공자의 도에 있어서의 「하나〔一〕」를 〈효〉라고 말했어야 옳았을 것이다. 그렇다면 《효경》은 효행에 뛰어난 증자를 받드는 증자 뒤의 유가의 한 학파의 사람이 가설적으로 공자와 증자의 대화를 내세워 지은 것이라 보아야 할 것이다.

한편 이러한 《효경》의 〈효〉의 사상이 적극적으로 존중되기 시작한 것은 한(漢)대이다. 그것도 한나라 무제(武帝 : B·C·一四○~八七 재위)가 유학(儒學)을 국학(國學)으로 정립한 뒤의 일일 것이다. 무제로 말미암아 유학이 중국의 봉건전제군주제(封建專制君主制)를 옹호하는 학문으로 변하자 《효경》은 그러한 사회윤리에 가장 잘 맞는 경전의 하나로 등장했던 것이다. 다시 말하면 《효경》은 봉건군주제 시대의 윤리관을 대표하는 경전의 하나인 것이다.

그렇다고 해서 《효경》을 시대가 바뀐 현대에는 전혀 무의미한 경전이라는 뜻은 아니다。예를 들면 《효경》에서 〈효〉는 부모에 대한 순종(順從)·애경(愛敬)·봉양(奉養)·간쟁(諫諍) 등을 통하여 이루어진다 하였다。아무리 시대가 바뀌고 풍습이 달라졌다 하더라도 이상의 네 가지가 잘못된 것이라 할 수는 없을 것이다。특히 부모를 사랑하고 공경하는 애경(愛敬)의 정과 부모의 잘못을 올바로 말씀드려 고쳐 드려야 한다는 간쟁(諫諍)의 뜻은 현대에도 적극적으로 살려나가야할 미덕이 아닐까 한다。그리고 그 방법이나 형식은 달라지고 있지마는 부모에 대한 순종이나 봉양도 아직까지 미덕이 아닐 수가 없다。더우기 이 부모와 자식 사이의 타고난 정과 관계를 잘 정리하여、그것을 자기 집안에서 시작하여 밖의 모든 사람에게까지 적용하려는 정신은 바로 현대의 휴머니즘과 다를 바 없는 정신이라 하겠다。

四、《효경》에 있어서의 금문(今文)과 고문(古文)

중국의 유가 경전에는 한(漢)대부터 금문(今文)과 고문(古文)의 구별이 생겨났고、이에 따라 학자들에도 금문파와 고문파가 있었다。본시 금문과 고문의 구별이란 한나라 초기에 진(秦)나라 시황제(始皇帝)의 분서(焚書)로 말미암아 없어진 책들을 다시 수집할 때、그 책이 당시에 통용되던 예서(隸書)로 씌여 있는가〔금문〕 또는 그 이전의 고서체(古書體)로 씌여 있는가〔고문〕 하는 구별에 불과하였다。이처럼 금문과 고문은 처음에는 자체의 구별에 불과했으나、뒤에 금문과 고문의 경문(經文)에 차이가 발견되고、또 차츰 어느 편 책을 갖고 공부하느냐에 따라 학문 방법까지도 크게 달라지게 되었다。 그리하여 마침내 금문과 고문은 한대 이후 청(淸)에 이르는 이천 년의 중국 경학사(經學史)를 통하여 일대쟁안(一大爭案)으로까지 발전하였었다。 곧 중국의 모든 경전에 금문과 고문의 차이가 있어、 이들은 경의 문장이나 그 해석과 연구 방법 및 방향이 서로 다르고、 경전의 전승(傳承)에도 제각기 다른 내력(來歷)을 갖고 있는 것이다。

《효경》에 있어서는 《한서》 예문지(藝文志)를 보면 「《효경고공씨(孝經古孔氏)》 一편、 二二장、 《효경》 一편、 一八장、 장손씨(長孫氏)・강씨(江氏)・후씨(后氏)・익씨(翼氏)의 사가(四家)가 있었다」고 재록(載錄)하고 있다。 여기에는 모두 「「효경」 십일가(家)、 五九편」이 수록되어 있는데、 그 해설에서는 「한(漢)나라가 일어나자 장손씨(長孫氏)・박사(博士) 강옹(江翁)・소부(少府) 후창(后倉)・간대부(諫大夫) 익봉(翼奉)・안창후(安昌侯) 장우(張禹)가 《효경》을 전하여 각자가 명가(名家)가 되었었다。 경문(經文)은 이들 모두가 같았었으나、 오직 공씨(孔氏)의 벽 가운데에서 나왔다는 고문(古文)만이 달랐다」고 말하고 있다。 곧 한대부터 《효경고공씨》라 한 二二장으로 된 고문본과 그 밖의 금문본의 두 가지 《효경》이 있었다。

같은 《한서》 예문지 《서경》의 해설을 보면 무제(武帝) 말엽에 노(魯) 공왕(共王)이 공자가 살던 집 벽을 헐다가 《고문상서(古文尙書)》・《예기(禮記)》・《논어(論語)》 등과 함께 《효경》을 발견한 것으로 되어 있는데、 이것이 고문 《효경》이다。 여기에는 공안국(孔安國)의 전(傳)이 붙어있었다는데、 《수서(隋書)》 경적지(經籍志)에 의하면 양(梁)나라 말엽에 이미 없어져 버렸다 한다。 그래서 양나라 이후로는 수(隋)나라에 이르기까지 정씨(鄭氏、 뒤에는 정현(鄭

玄)으로 변함」 주가 달린 금문본 《효경》만이 행세하였다.

그러나 수(隋)대에 와서 다시 공안국의 전이 달린 고문본 《효경》이 세상에 나왔다. 《수서》 경적지의 기록에 의하면 이 고문본 《효경》은 경사(京師)에서 왕소(王劭)가 찾아내어 하간(河間)의 유현(劉炫)에게 보내 주었는데, 유현이 그 어지러운 내용을 정리하고 의소(議疏)를 다시 써서 세상에 유행시켰던 것이라 한다. 뒤에 가서는 조정(朝廷)에까지 알려져 마침내는 정씨(鄭氏)의 주가 달린 금문본과 아울러 행세하게 되었다는 것이다.

그러나 그 때 이미 학자들은 모두가 그것은 유현이 위작(僞作)한 것이어서 공안국의 옛 책이 아니며, 조정의 비부(秘府)에도 전부터 그런 책은 있지 않았던 것이라고들 말하였다 한다. 그러니 다시 나온 고문 《효경》은 이미 그 시대부터 그것이 가짜라는 낌새를 학자들은 다 알고 있었다는 것이다. 《한서》 예문지(藝文志)를 보면 『「다른 판본들은」 경문(經文)이 모두 같으나 오직 공씨(孔氏)네 집 벽속에서 나온 고문 만은 다르다. 「父母生之續莫大焉」, 「故親生之膝下」 같은 제가(諸家)들의 해설이 불안한 곳은 고문의 자구(字句)가 모두 달랐다』고 하였고, 또 후한(後漢) 환담(桓譚 : ?~二五?)의 《신론(新論)》에서는 「《고효경(古孝經)》은 천팔백 칠십자(字)인데, 금문과 다른 것이 사백 여자다」고 말하고 있다. 이에 따르면 본시 고문 《효경》은 금문본과 경문 자체에도 퍽 많은 이동(異同)이 있었다.

그러나 현행 고문본을 보면 장수(章數)는 금문본 십팔 장에 비하여 사장이 더 많으나, 실상은 금문의 삼재(三才)장을 고문에서는 이장으로 쪼갰고, 다시 성치(聖治)장을 삼장으로 쪼개어 도합 삼장을 늘려 놓았을 뿐이고, 실제로 더 많은 것은 스물 두 자로 된 규문(閨門)장 하나뿐이다。 따라서 현행 《효경》은 금문과 고문 사이에 별로 큰 차이가 없는 셈이다。 이로써도 현행 고문본이 위작일 것이라는 심증을 굳게 한다。 더구나 규문(閨門)이라는 제一九장도 「집안에서도 예가 갖추어져야 한다。 아버지도 엄하고 형도 엄해서、 처자(妻子)나 신첩(臣妾)들은 백성이나 하인들과 같은 것이다〔閨門之內、具禮矣乎。嚴父嚴兄、妻子臣妾、猶百姓徒役也。〕」란 글이어서、 경문의 한 장 같지 않다는게 많은 사람들의 견해이다。

그 뒤 당(唐)대에 이르러 현종(玄宗)이 개원(開元) 七년〔七一九〕에 여러 학자들로 하여금 《효경》의 금문과 고문에 대하여 토론 연구케 한 다음 금문을 근거로 한 《효경》의 주해에 착수하여 여러 이전 학자들을 참작한 끝에 천보(天寶) 二년〔七四三〕에 중주본(重註本)을 완성하고、 다시 二년 뒤에는 태학(太學)에 그것을 석각(石刻)케 하니 이것이 《석대효경(石臺孝經)》이다。 이로부터 한 동안은 세상에 금문본 《효경》만이 행세했었다。

그러나 송(宋)대에 이르러는 다시 사마광(司馬光)과 범조우(范祖禹) 등이 고문본을 가지고 《효경》을 해설하기 시작하여、 이들의 해설인 《지해(指解)》와 《효경설(孝經說)》이 《고문효경지해(古文孝經指解)》란 한 권의 책으로 합쳐져 전해지고 있다。 이 뒤를 이어 주희(朱熹)가 고문본을 근거로 하여 《효경》을 다시 자기 나름대로 정리하여 「경」 一장과 「전」 一四장으로 나누고 옛 경문에서 이백 이십 삼자를 깎아내 버리고 《효경간오(孝經刊誤)》 한 권을 냄으로써 고문이 세상에 크게 대두되게 된다。 그리고 원(元)대의 동정(董鼎)이 주희의 《효경간오》를 바탕으로 하여 《효경대의(孝經大義)》를 냄으로써 고문의 세력을 더욱 확장시킨다。 이 뒤로 청(淸)대에 이르기까지 고문본은 금문과 함께 엇섞이어 세상에 유행하게 된다。 그러나 우리 나라에서는 성리학(性理學)이 들어온 뒤로 거의 《효경대의》만이 읽힌 셈이니, 이조(李朝)의 《효경》은 고문이 휩쓸었었다고 할 수 있다。

다시 고문본 중에는 청(淸) 건륭(乾隆) 연간〔一七三六~一七九五〕에 왕익창(汪翼滄)이 일본 나가사끼(長崎)에서 구해왔다는 《고문효경공씨전(古文孝經孔氏傳)》일 권이 있다。이것도 가짜임은 이미 《사고전서총목제요》에서 기윤(紀昀)이 자세히 논하고 있다。일본에도 옛 아시까가학교(足利學校)에서 나왔다는 고문본이 전하고 있으나 비슷한 내용의 것임이 틀림없다〔이를 번역한 岩垂憲德의 《孝經講話》〔一九四三년〕를 읽은 일이 있다。〕。

《효경》의 금문본은 진(秦)나라에서 분서(焚書)를 할 때 하간(河間)의 안지(顏芝)가 감추어 갖고 있다가 한(漢)나라 초기에 그의 아들 안정(顏貞)이 세상에 내놓은 것이라는데, 일 권 一八장으로 이루어져 있었다。그리고 장손씨(長孫氏)·박사(博士) 강옹(江翁)·소부(少府) 후창(后蒼)·간의대부(諫議大夫) 익봉(翼奉)·안창후(安昌侯) 장우(張禹) 등이 모두 이를 연구하여 일가(一家)를 이루었다。뒤에 고문 《효경》이 세상에 나와 공안국(孔安國)이 전을 쓰기도 하였으나, 유향(劉向 : B·C·七七?~B·C·六)이 비부(秘府)의 책들을 전교(典校)할 때, 안정(顏貞)의 금문본과 고문본을 비교한 끝에 십팔장의 경문(經文)이 옳은 것이라 판정을 내렸었다。이 뒤로는 정중(鄭衆)·마융(馬融) 등이 여기에 주를 달았었는데, 이들의 책은 양(梁)나라 때 전란 속에 없어져 버렸다。〔이상 《수서(隋書)》 경적지(經籍志) 의거。〕

이 밖에 금문 《효경》에는 정씨(鄭氏) 주가 전하는데〔《수서》 경적지에 보임〕, 뒤에는 정씨를 정현(鄭玄)이라 생각하게 된다。정씨를 정현으로 본 것은 진(晉)나라 때 《집의효경(集議

孝經)」을 쓴 순창(荀昶)에게서 비롯된 것이라 한다(《사고전서총목제요》 참조)。 그러나 정현의 저서가 다 수록된 《정지목록(鄭志目錄)》에도 이것이 보이지 않을 뿐더러, 그 해설의 내용이 정현의 다른 경전의 주해(注解)와 서로 어긋나는 점이 많기 때문에 일찍부터 이것은 정현이 아닐 것이라고 생각하는 학자들이 많았다。

위(魏)·진(晉)을 통하여도 수 많은 학자들이 《효경》에 관한 주해를 하였으나 지금까지 전하는 책들은 없다。 양(梁)대에 들어와 무제(武帝)가 《효경》을 존숭하여 스스로도 《효경의소(孝經義疏)》 십팔권을 지었고, 고문과 금문을 모두 국학(國學)에 세웠었으나 양말의 전란 틈에 공안국의 고문본은 없어지고 금문본만이 행세하게 되었다。 곧 수(隋)나라 때 유현(劉炫)이 위작한 고문본 《효경》이 세상에 나오기까지는 금문본만이 읽혔으나, 이 가짜 《공안국전(孔安國傳)》이 나옴으로써 《효경》의 금고문의 다툼은 다시 시작되었다。

당(唐)대에 들어와 현종(玄宗)은 개원(開元) 七년(七一九)에 많은 학자들을 모아놓고 (효경)을 연구 토의케 하였는데, 이 때 유지기(劉知幾)는 고문을 주장하면서 정현의 주에 「열 가지 잘못과 일곱 가지 미혹(十謬七惑)」이 있음을 지적하여 금문본을 배척하였고, 사마정(司馬貞)은 금문을 주장하면서 공안국의 고문본의 결함을 여러 가지로 지적하였다。 그러나 현종은 금문본을 바탕으로 한 《효경》의 주해에 착수하여, 이전의 위소(韋昭)·왕숙(王肅)·우번(虞翻)·유소(劉紹)·유현(劉炫)·육징(陸澄) 등 금고문가의 주해를 종합하고, 경문은 금문본을 바탕으로 하여 《효경》 주를 완성 개원(開元) 一〇년(七二二)에 국자학(國子學)과 온 천하에 폈다。 그리고 천보(天寶) 二년(七四三)에는 이를 다시 증수(增修)하여 《중주본(重註本)》을 천하에 반포하였다. 그리고 천보 四년(七四五)에는 이 《어주효경(御註孝經)》을 태학(太學)에 각석(刻石)케 하여 이를 《석대효경(石臺孝經)》이라 부르며, 지금도 서안(西安)의 부학(府學) 자리에 남아 있다고 한다. 그러는 한편 한 가지 말도 여러 가지로 새길 수가 있고, 옛날 주해 중에는 견해는 약간 다르나 모두 뛰어난 해석들이 있었으므로 원행충(元行沖)에게 다시 《소(疏)》를 써서 그런 것들을 밝히도록 하였다. 기윤(紀昀)은 《사고전서총목제요》에서 원행충도 현종의 주나 마찬가지로 한 번 쓴 다음 다시 중수(重修)하였음을 지적하고 있다.

뒤에 송(宋)나라 함평(咸平) 연간(九九八~一〇〇三)에 형병(邢昺)이 다시 원행충의 《소(疏)》를 바탕으로 새로운 「소」를 써서, 지금의 십삼경주소본(十三經註疏本)인 《효경정의(孝經正義)》 삼 권이 이루어졌다. 다만 지금의 「소」로써는 어느 부분이 원행충이 쓴 것이고, 어떤 것이 형병이 새로 쓴 것인지 분간할 길이 없게 되었다. 어쨌든 당나라 현종이 금문본을 바탕으로 직접 주를 쓴 이래로 경문에 있어서는 고문본은 자취를 감추다시피 하였고, 《효경정의》는 《효경》의 전형적인 주해서로 행세하였었다.

그러나 앞에서 이미 설명한 바와 같이 송(宋)대에 들어와 사마광(司馬光)·범조우(范祖禹) 등이 고문 《효경》을 내세우기 시작하고, 다시 주희(朱熹)가 고문본을 근거로 《효경간오(孝經刊誤)》를 내어 원(元)나라 동정(董鼎)이 다시 그것을 근거로 《효경대의(孝經大義)》를 내면서 고문의 세력이 크게 대두되었다.

동정의 《효경대의》에 서문을 쓴 원(元) 웅화(熊禾) 같은 사람은 주희가 우연히 《효경간오》에서 고문본을 근거로 한 것을 기화로, 고문본을 따르지 않는 것을 무슨 큰 죄처럼 얘기하며 공연한 사단을 일으키고 있다. 그러나 송(宋)의 황진(黃震) 같은 사람이 《황씨일초(黃氏日鈔)》에서 자세히 논하였듯이 《효경》에 있어서의 금문과 고문은 경문에 있어서 별로 큰 차이가 없는 것이다. 당(唐)나라 현종(玄宗)도 금문본을 근거로 주를 썼다고는 하지만 금문과 고문을 다 같이 놓고 검토하였던 것이다. 따라서 《사고총목제요》의 《고문효경지해(古文孝經指解)》에서 지적하고 있듯이 《효경》에 있어서 금문 고문의 다름은, 그 경문에 큰 차이가 없고 그 해설을 쓴 공안국(孔安國)의 전(傳)과 정현(鄭玄)의 주가 모두 가짜라면, 학자들의 지나친 고집 때문이라 할 것이다. 청(清)대의 엄가균(嚴可均)은 이미 없어진 「정주(鄭註)」를 모아 《정주집본(鄭註輯本)》을 내고 있다.

五, 《효경》의 주해서

이미 《효경》의 중요한 주해서들의 이름이 앞에 거의 다 나온 셈이지만, 지금까지 전하는 중요한 것들을 아래에 다시 정리해 본다.

1, 《고문효경공씨전(古文孝經孔氏傳)》일 권, 부 《송본고문효경(宋本古文孝經)》일 권. 「한(漢) 공안국(孔安國) 전(傳)」「일본 시나노(信濃)의 다자이준(太宰純) 서(書)」라 제(題)함. 권말의 건륭(乾隆) 병신(丙申)년〔一七七六〕흡현(歙縣)·포정박(包廷博)의 신간발(新刊跋)에 의하면, 이 책은 그의 친구 왕익창(汪翼滄)이 일본 나가사키(長崎)에서 구해온 것으로 되어

있다。앞머리 다사이준(太宰純)의 서에서는 이것을 진짜 《공전고문효경(孔傳古文孝經)》이라 하고、송본(宋本) 고문과도 경문에 차이가 약간 있다고 하였으나、이것도 진짜 고문본이 아님은 앞에서 이미 설명하였다。

2、《효경정의(孝經正義)》 삼 권。당(唐) 현종(玄宗) 어주(御註)、송(宋) 형병(邢昺)。십삼경주소본(十三經註疏本)。금문을 바탕으로 한 가장 전통적인 주해서。그 주해 경위에 대하여는 앞에서 이미 설명하였음。

3、《고문효경지해(古文孝經指解)》 일 권。편집자는 알 수 없고、송(宋) 사마광(司馬光)의 《고문지해(古文指解)》와 범조우(范祖禹)의 《고문효경설(古文孝經說)》을 합쳐 한 권으로 만든 것임。이 책으로 말미암아 송(宋)대에 고문 《효경》이 존숭되기 시작함。

4、《효경간오(孝經刊誤)》 일 권。송(宋) 주희(朱熹) 지음。순희(淳熙) 一三년(一一八六) 주희가 五七세 때 지은 것임。고문 《효경》을 근거로 그 내용을 「경(經)」 일 장과 「전(傳)」 십사 장으로 다시 정리하고、옛 경문에서 이백 이십 삼자를 깎아 냄。특히 《효경》 각 장 끝머리에 인용한 《시경》의 귀절들은 본시 경문이 아니었을거라 하여 떼어버림。이것은 《대학(大學)》의 경우처럼 자의(自意)에 의한 정리이나、성리학(性理學)의 성행과 더불어 남송(南宋) 이후의 주가(註家)들은 많은 사람이 이 체제를 따름。

5、《효경대의(孝經大義)》 일 권。원(元) 동정(董鼎) 지음。주희의 《효경간오》를 바탕으로 하여 더 상세한 해설을 붙임。앞에는 원(元) 웅화(熊禾)의 서문이 붙음。이 책은 곧 성리학파들의 대표적인 《효경》 주해서로 변함。우리 나라에서도 이조(李朝)시대에 이 책이 정조(正

祖) 때를 비롯하여 성종(成宗)·인조(仁祖)·현종(顯宗)·영조(英祖)·순조(純祖)·고종(高宗) 때에 각각 수차에 걸쳐 이 책 만이 판각(板刻)되어 널리 읽혀짐。

6、《효경정본(孝經定本)》 일권。 원(元) 오징(吳澄) 지음。 그는 주희의 《효경간오》의 예를 따라 금문 《효경》을 근거로 하여 《효경》을 다시 정리하였음。 그는 금문본의 앞 여섯 장을 합쳐 《경》 일장으로 하고、 나머지의 순서를 뒤바꾸어 「전(傳)」 십이 장으로 개편함。 그리고 주희가 깎아낸 일백 칠십 이자〔주희는 모두 이백 이십 삼자를 깎아내었으나、 그 중 귀절 속에 든 한두글자를 깎아낸 것을 제하고、 한 귀절 이상을 깎아낸 부분 만을 모으면 일 백칠 십이 자가 된다〕와 고문의 규문(閨門)장 이십 사자는 부록으로 뒤에 붙여놓고 있다。 자의로 경문을 뒤바꾸어 놓은 것이어서 문제는 많으나、 그 해설이 간결 명확하고 조리(條理)가 서 있어 주희의 《효경간오》에 못지않은 개본(改本)으로서의 가치를 지니고 있다는 것이 중평이다。

이상 여섯 가지가 《효경》을 읽는데 있어서 가장 문제를 던져 주는 대표적인 판본들이다。 이 밖에도 원(元)·명(明)·청(淸)을 통하여 많은 학자들과 황제들에 의한 주해서들이 나왔으나 여기에는 일일이 이 이상 더 열거할 겨를이 없다。

우리 나라에는 현종(顯宗) 七년〔一六六六〕과 순종(純宗) 때〔一八〇一~一八三四〕에 각각 간행된 역자를 알 수 없는 《효경언해(孝經諺解)》와 광무(光武) 연간〔一八九七~一九〇六〕에 간행된 《효경언히》〔작자 미상〕가 있어 《효경》을 읽는데 큰 참고가 될 줄로 믿는다。 근래의 번역으로는 평범사(平凡社)에서 간행한 《사서오경(四書五經)》〔一九七六년、 「사서」와 「오경」

을 합쳐 놓은 게 어쩐지 이상하고, 거기에 《효경》을 끼워놓은 것도 이상하지마는」 속에 끼어 있는 장기근(張基槿) 교수의 《효경》 역주(譯註)가 빼어나는 역작(力作)의 하나라고 생각된다。

《효경주소(孝經注疏)》 서

——송(宋) 형병(邢昺) 등——

《효경》이라는 것은 공자께서 지은 것이다。 이것을 지으신 취지는 이러하다。 옛날 성인 공자께서는 위대한 성덕(聖德)을 지니고 계셨는데、 시국을 잘 만나지 못하고 태어나 마침 주(周)나라 왕실이 쇠미해지고 왕의 권위가 땅에 떨어져 임금과 신하가 서로 넘보며 혼란을 일삼던 때를 만나、 윗 자리에 있는 사람들은 상과 벌을 제대로 행하지 않고、 아래 자리에 있는 사람은 올바른 것을 기리고 그릇된 것을 비판하는 일을 하지않고 있었다。 그리하여 공자께서는 마침내 예의와 음악을 정하고、 《시경》과 《서경》을 편찬하고、 《역경》의 도리를 밝힘으로써 도덕과 인의(仁義)의 근원을 밝히시고、 《춘추(春秋)》를 지어 임금과 신하와 아버지와 자식 사이의 법도를 밝히셨던 것이다。

그리고도 또 생각하시기를 비록 그 법도를 안다 하더라도 그것을 행하는 법을 모를거라 하시고、 마침내 《효경》 십팔장(章)을 논설하시어 임금과 신하와 아버지와 자식 사이의 행동의 근거를 밝히셨던 것이다。 그래서 그 법도를 아는 사람은 그 행실을 닦을 수가 있고、 그 행실에 대하여 아는 사람은 그 법도를 삼가게 되었던 것이다。 그러므로 《효경위(孝經緯)》에 이르기를、

공자께서 말씀하시기를, 「내가 제후(諸侯)들의 올바른 일을 기리고 그릇된 일을 비판하려던 뜻을 알아보려면 그것은 《춘추》에 담겨 있고, 사람으로서의 올바른 행실을 존중했던 것을 알아보려면 그것은 《효경》에 담겨 있다.」

고 하였던 것이다. 이로써 《효경》은 비록 「육경(六經)」 속에 포함되어 있지는 않지만 바로 《춘추》와 표리(表裏)를 이루고 있는 것임을 알 수 있다.

옛 선비들은 간혹 말하기를, 「《효경》은 공자께서 증삼(曾參)을 위하여 해설한 것」이라 하였는데, 그것은 그 취지를 충분히 이해하지 못한 말이다. 증자(曾子)는 공자의 칠십 명 제자들 중에서도 효행(孝行)에 가장 뛰어났던 사람이다. 공자께서는 그래서 증자를 배움에 청하며 함께 문답하는 상대로 가정(假定)해 놓고서, 〈효〉의 도(道)를 널리 밝히신 것이며, 이것을 다 해설하고 나서야 증자에게 내보이셨던 것이다.

포악한 진(秦)나라 시황(始皇)의 분서(焚書) 정책으로 말미암아 천하의 책들과 함께 《효경》도 다 타버렸었다. 그러나 한(漢)나라가 천명(天命)을 물려받아 다시 정묘(精妙)한 이론들이 밝혀지게 되었다. 《효경》은 하간(河間)의 안지(顏芝)가 소장(所藏)하고 있었기 때문에 비로소 세상에 전해지게 되었었다.

125 《효경주소(孝經注疏)》 서

서한(西漢)으로부터 위(魏)나라를 거쳐 진(晉)·송(宋)·제(齊)·양(梁)에 이르는 사이에 《효경》을 주해한 사람들이 거의 백 명에 이르도록 나왔었다. 당(唐)나라 초기에 이르기까지 그것들이 비록 비부(秘府)에 다 보존되어 있기는 하였지만 그 내용에서 일부가 빠져버린 것들이 대부분이었고, 주석서(註釋書)로는 오직 공안국(孔安國)과 정현(鄭玄) 두 사람의 책만이 세상에 전해지고 있었고, 이와 함께 양(梁)나라의 박사(博士) 황간(皇侃)의 《효경의소(孝經義疏)》가 태학(太學)에 전해지고 있었으나, 문장에 오류가 많고 논리가 정세(精細)하지 못했었다.

당(唐)나라 현종(玄宗) 때에 이르러서야 여러 학자들과 학관(學官)들에게 명을 내리어 함께 모여 《효경》에 대한 토의를 하도록 하였다. 그래서 유지기(劉知幾)는 정현(鄭玄)의 주에 열 가지 과오와 일곱 가지 잘못이 있음을 논하게 되었고, 사마정(司馬貞)은 공안국(孔安國)의 주가 비천(鄙淺)하고 올바르지 않으며, 그 밖의 여러 사람들의 주해(注解)도 모두 말만 그럴 사하게 하면서 함부로 천착(穿鑿)한 것임을 공격하게 되었던 것이다. 당 현종은 마침내 옛 선비들의 주해 중에서도 정화(精華)만을 골라내고 번거롭고 어지러운 것은 잘라내 버린 다음 그 의리(義理)가 합당한 것들만을 종합하여 가지고서 다시 주해를 하였다. 천보(天寶) 二년〔七四三〕에 《효경》의 주해가 완성되자 천하에 그것을 널리 폈고, 다시 친히 팔분(八分)의 어필(御筆)로 써서 돌 비석에 새겨 놓았으니, 그것이 바로 지금 경조(京兆)에 있는 석대(石臺)의 《효경》이다.

《효경(孝經)》 서

——당(唐) 현종(玄宗)

내가 듣건대, 상고(上古) 시대에는 그 풍속이 소박하고 간략해서, 비록 친애(親愛)의 정을 통한 〈효〉의 마음은 이미 싹이 텄었으나 공경하는 뜻을 표시할 예(禮)는 아직도 간단하였었다. 그러나 인(仁)·의(義)의 윤리가 생겨남에 이르러서는〔하〈夏〉·은〈殷〉·주〈周〉의 삼대〈三代〉에〕, 서로 친애하고 서로 기리는 행위가 더욱 드러나게 되었다. 그 때 성인(聖人)께서는 〈효〉야말로 사람들을 교화시킬 수 있는 것임을 알았기 때문에, 부모에 대한 존엄(尊嚴)한 생각을 근거로 널리 공경(恭敬)을 가르쳤고, 부모에 대한 친애의 정을 근거로 널리 사랑을 가르치었다. 이에 〈효〉의 종순(從順)함을 가지고서 〈충〉의 도를 밝히었고, 또 입신양명(立身揚名)의 뜻도 드러내었다.

공자께서 말씀하시기를, 『나의 뜻은 《춘추(春秋)》에 표현되어 있고, 행실은 《효경》에 표현되어 있다』〔《구명결(鉤命訣)》에 보이는 말〕고 하였으니, 이로써도 〈효〉란 것은 덕(德)의 근본임을 알겠다.

《효경》에 이르기를, 「옛날에 명철한 임금은 〈효〉로써 천하를 다스림에 있어서, 감히 작은 나라의 신하라 할지라도 소홀히 대하지 않았었으니, 하물며 공(公)·후(侯)·백(伯)·자(子)

남(男)의 제후(諸侯)들에게야 어떠했겠는가?」〔제八장에 보임〕고 하였는데, 나는 일찌기 이 대목에 이르면 이 말을 세 번이나 반복하여 음미(吟味)하곤 하였는데, 옛 명철한 임금들의 업적을 밝게 실천해 보고자 함에서였다. 비록 백성들에게 덕교(德敎)를 베푼 것은 없다고 하더라도 광대한 사랑이 온 세상에 행하여지기를 바라고 있다.

아아! 공자께서 돌아가시자 정묘(精妙)한 이론이 끊기고 이단적(異端的)인 학설들이 생겨나서 대의(大義)가 무너져 버렸다. 더우기 진(秦)나라에 이르러 모든 전적(典籍)들이 멸실되어 버리고〔진시황(秦始皇)의 분서〈焚書〉를 가리킴〕 남은 것이란 모두가 타다가 남은 찌꺼기들이었다. 한(漢)나라로 들어와 다시 전적들을 모아들이기 시작했으나 모두가 찌꺼기같은 나머지들이었다. 그러므로 공자께서 지은 《춘추(春秋)》도 다섯 가지 해설을 바탕으로 한 학파(學派)가 생겨났고〔좌씨전〈左氏傳〉·공양전〈公羊傳〉·곡량전〈穀梁傳〉·추씨전〈鄒氏傳〉·협씨전〈夾氏傳〉, 뒤의 두 가지는 전해지지 않음〕, 《시경(詩經)》은 네 학파로 갈라졌었으니〔모시〈毛詩〉·한시〈韓詩〉·제시〈齊詩〉·노시〈魯詩〉의 네 가지〕, 성인의 시대로부터 멀어져 갈수록 파별(派別)만이 더욱 나뉘어지게 된 것이다.

근래의 《효경》의 옛 주(注)들〔금문〈今文〉《효경》의 정현〈鄭玄〉 주 및 고문〈古文〉《효경》의 공안국〈孔安國〉 주, 「해제」 참조할 것〕을 보건대, 잘못된 곳이 매우 많은데도 선인(先人)들의 업적을 제각기 계승하여 자기 이론을 전개한 사람들이 거의 백명(百名)에 이르고, 이를 전문으로 표방하는 사람만도 십명(十名)에 이르고 있다. 공자의 본 뜻을 파악하려는 자들이 모두가 그 집의 대문도 못 열어보고 함부로 졸문과 장문이나 엮어젖히고 있고, 공자의 올바른 도를 뒤쫓으려는 자들이 모두가 다른 길을 쫓아 달리고 있는 것이다。그래서 위대한 도는 숨기어 지고 작은 도만이 이루어지고、올바른 이론은 감추어지고 거짓된 이론만이 드러나고 있는 것이다。

또한 경전(經典)의 해석은 그 뜻이 경전 전체에 통달되어야 하며、그 뜻은 반드시 합당한 논리를 위주로 하여야 한다。지극히 합당한 원리는 하나로 귀착되고、정묘(精妙)한 뜻에는 두 가지가 있을 수가 없는 것이다。어찌 그 쓸데 없는 것들을 깎아내어 버리고 그 요점을 추려내지 않을 수가 있겠는가?

오(吳)나라 위소(韋昭)와 위(魏)나라 왕숙(王肅)은 옛 선비들 중에서도 《효경》 해설에 있어서는 영수급(領袖級)이라 할 수 있고、오(吳)나라 우번(虞翻)과 위(魏)나라 유소(劉卲)는 또 그들 다음 가는 급이라 할 것이며、수(隋)나라 유현(劉炫)은 고문(古文) 《효경》 공안국(孔安國)의 주(注)의 본 뜻을 밝히었고、제(齊)나라 육징(陸澄)은 금문(今文) 《효경》 정현(鄭玄)의 주를 공격했었다。그러나 이치에 합당한 자기 해설을 하면 그 뿐이지 어찌 꼭 남의 학설을 책할 필요까지 있겠는가?

그래서 지금 특히 육명의 학자(위소・왕숙・우번・유소・유현・육징)의 학설의 이동(異同)을 드러내고、오경(五經)의 요지(要旨)를 한데 합쳐 그 문장을 간략히 하고 뜻이 잘 통하도록 하니、경(經)의 뜻이 분명해지고、그 주해(注解)를 쪼개어 경문(經文) 사이에 끼어 놓으니 이치에 조리(條理)가 서고 뜻이 관통(貫通)되게 되었다。이것을 돌에 새기도록 하는 것은 장래에 도움이 될 것을 희망하기 때문이다(지금도 천보(天寶) 四년(七四五)에 돌에 새겨 놓은 어주(御註) 《효경》이 서안(西安) 부학(府學) 터에 남아 있음)。

또한 공자께서 육경(六經)에 대하여 말씀하신 것은 그 뜻에 후세에 교훈을 드리우려는 데 있었다。 비록 사람들의 다섯 가지 신분(천자・제후・경대부・사・서인)에 따른 〈효〉의 효용은 서로 다르지마는 〈효〉가 모든 행실의 근원이 된다는 점에 있어서는 조금도 다름이 없다。 그래서 한 장(章) 가운데에 모두 수구(數句)의 말이 있고、한 구(句) 안에도 몇 가지 뜻을 아울러 밝힌 것이 있는데、이에 대한 주(注)를 모두 실으면 문장이 복잡해지고、그것을 생략하고 보면 뜻을 빠뜨리게 되므로 여기에는 소(疏)에 모두 남겨둠으로써 뜻을 널리 밝혀내도록 하였다。

제一장 개종명의(開宗明義)

~〈효〉의 근본~

중니(仲尼)께서 한가이 계실 적에 증자(曾子)가 모시고 앉아 있었다。 공자께서 말씀하시었다。

『선왕(先王)들에게는 지극한 덕(德)과 중요한 도(道)가 있어서 그것으로써 천하를 순조로이 다스리었으니、 백성들은 그래서 화목을 도모하고 위 아래로 원한이 없었다。 너는 그것을 아느냐?』

증자가 자리를 피하면서 말하였다。

『저는 불민(不敏)하온데 어찌 그런 것을 알 수가 있겠읍니까?』

공자께서 말씀하시었다。

『〈효〉라는 것은 덕의 근본이며、 가르침이 생겨나는 바탕인 것이다。 다시 앉거라。 내 너에게 얘기해 주마。

사람의 신체와 머리털과 피부는 모두 부모에게서 받은 것이니、 감히 이것을 손상시키지 않는 일이야말로 〈효〉의 시작인 것이다。 몸을 올바로 세우고 도(道)를 행하여 후세에까지 이름을 드날림으로써 부모님도 드러나게 하는 것이 〈효〉의 끝맺음인 것이다。 〈효〉라는 것은 어버이를 섬기는 데서 시작하여、다음으로는 임금을 섬기고、끝으로는 입신양명(立身揚名)을 하는 것이다。

《시경(詩經)》 대아(大雅)에 이르기를、「그대들은 조상 생각을 않는가? 그러니 그 덕을 닦아야만 한다」고 하였다。』

仲尼①居②시어늘、曾子③侍④러라。

子曰、「先王⑤有至德要道⑥하여、以順⑦天下하니、民用和睦하고、上下無怨이니라。汝知之乎아?」

曾子避席⑧曰、「參⑨不敏이어늘、何足以知之리이까?」

子曰、「夫孝는、德之本⑩也요、敎之所由生也니라。復坐하라、吾語汝하리라。

身體髮膚는、受之父母니、不敢毁傷이、孝之始也니라。立身⑪行道하여、揚名於後世하여、以顯⑫父母이、孝之終也니라。夫孝는、始於事親하여、中於事君하고、終於立身하니라。

大雅⑬云、『無念爾祖가? 聿⑭脩厥德⑮하라』하니라。」

〔**註**〕① **仲尼**(중니)：공자의 자。이름은 구(丘)임。② **居**(거)：「閒居(한거)」로 된 판본도 있으며、한가이 계시는 것。③ **曾子**(증자)：공자의 제자。이름은 삼(參)、자는 자여(子輿)。노(魯)나라 사람으로 그의 아버지 증점(曾點)도 공자에게 배움。특히 효행(孝行)에 뛰어났던 이로 유명하며、그의 학문을 공자의 손자 자사(子思)에게 전하였다。④ **侍**(시)：「侍坐(시좌)」로 된 판본도 있으며、모시고

앉아 있는 것。⑤ **先王**(선왕)：옛날의 훌륭한 임금들。⑥ **至德要道**(지덕요도)：지극한 덕과 중요한 도、모두 〈효〉를 가리킴。⑦ **順**(순)：순조롭게 다스리다。따르게 하다。⑧ **避席**(피석)：자리를 피하다。손윗 사람의 물음에 대답할 적에는 앉았던 자리를 피하여 일어나 대답하는 것이 옛날의 예였다。⑨ **參**(삼)：증자의 이름。자기 자신을 가리킴。⑩ **德之本**(덕지본)：덕의 근본。이 대목은 《논어(論語)》 학이(學而)편에서 유자(有子)가 말한 「효도와 우애라는 것은 인을 행하는 근본이다」고 말하고 「근본이 서야만 올바른 도(道)가 생긴다」고 한 말을 연상케 한다。⑪ **立身**(입신)：올바로 자기 몸을 세우다。⑫ **顯**(현)：드러내다。빛내다。⑬ **大雅**(대아)：《시경(詩經)》 대아 문왕(文王)편에 보이는 귀절임。⑭ **聿**(율)：어조사。粤(월)·曰(왈) 등과 통하며、「이에」 정도의 뜻。⑮ **厥德**(궐덕)：그 덕。조상과 관계되는 덕。곧 〈효〉를 가리킴。

〔**解義**〕 이 첫 장에서는 공자와 증자의 대화를 통하여 〈효〉에 대한 해설이 시작되고 있다。증자가 공자의 제자 중에서도 가장 효행에 뛰어났던 학자이며、후세에 종성(宗聖)이라 부를 만큼 공자 학문의 정통을 계승한 학자였음을 생각할 때 있을 법한 일이라 할 것이다。

공자는 먼저 〈효〉란 옛 성왕(聖王)들이 세상을 다스리고 백성들을 교화하던 가장 지극한 덕(德)이요、가장 중요한 도(道)임을 강조한다。그리고는 자식이란 직접 부모에게서 태어난 것이라는 가장 초보적인 관계에서부터 〈효〉의 해설을 시작하고 있다。자기의 몸은 자기 개인의 것 만이 아니고 「부모에게서 직접 물려받은 것」이라는 생각에서 자기 몸을 털끝까지라도 손상시키지 않겠다는 마음가짐을 지녀야만 하는 것이다。이것은 자신의 몸을 위하는데 그치지 않고 자기를 낳아준 부모를 생각하는 초보적인 동기가 되기 때문에、자기 몸의 털이나 피부까지라도 손상시키지 않는 것이 〈효〉의 출발이라는 것이다。《논어》 태백(泰伯)편을 보면 증자는 중병이 들어 죽음을 예견(豫見)하고는 제자들을 불러 자신의 손과 발을 다시 한번 펴

보게 한다。 평생 자신이 조심스럽게 간직하여온 부모의 분신(分身)이 최후의 순간까지도 조금도 손상되지 않고 잘 보전되었는가를 최후로 다시 한 번 확인하자는 뜻에서였다。 이러한 마음가짐만 서 있다면 부모를 섬기는데 있어서의 다른 소절(小節)들은 문제가 되지 않을 것이다。

끝으로 공자는 이러한 부모와 자식 사이의 관계를 세상에 널리 펴나감으로써 온 세상을 평화롭게 다스릴 수 있다고 믿었다。 이 자식으로서의 부모를 섬기는 〈효〉의 마음을 임금에게 적용시키면 〈충〉이 되고、 친구 사이에 적용시키면 〈신(信)〉이 된다고 생각한 것이다。 이러한 〈효〉를 바탕으로한 〈충〉·〈신〉 등을 실천하는 사람은 자연 그 개인도 위대한 공을 이룩하여 입신양명(立身揚名)하게 될 것이다。 이러한 개인의 입신양명은 부모와 조상들까지도 영광을 누리게 할 뿐만 아니라 후손들에게까지도 은덕이 된다。 그래서 공자는 「효라는 것은 어버이를 섬기는 데서 시작하여、 다음으로는 임금을 섬기고、 끝으로는 입신양명을 하는 것」이라 설명하고 있는 것이다。

《예기(禮記)》 제의(祭義)편을 보면 증자의 다음과 같은 말이 기록되어 있는데、 이 첫 장의 〈효〉의 정신을 이해하는 데 큰 도움이 될 것이다。

「자기 몸이라는 것은 부모가 남겨준 몸인 것이다。 부모가 남겨준 몸을 갖고 행동하는데 있어서 감히 공경하지 않을 수가 있겠는가? 평소 살아가는데 있어서 장경(莊敬)하지 않으면 〈효〉가 아니다。 임금을 섬김에 충성되지 않으면 〈효〉가 아니다。 관직을 지킴에 있어 공경하지 않으면 〈효〉가 아니다。 친구들 사이에 서로 공경하지 않으면 〈효〉가 아니다。 전진(戰陣)에 임하여 용기가 없다면 〈효〉가 아니다。 이상 다섯 가지를 완수하지 못하면 재난이 그의 어버이에게까지 미칠 것이니、감히 공경하지 않을 수가 있겠는가?」

〔身也者、父母之遺體也。行父母之遺體、敢不敬乎? 居處不莊、非孝也、事君不忠、非孝也、蒞官不敬、非孝也、朋友不敬、非孝也、戰陣無勇、非孝也。五者不遂、裁及其親、敢不敬乎?〕

그리고 《효경》의 각 장 끝머리는 대부분이 《시경》이나 《서경》의 귀절을 인용하여 대의(大義)를 증언하고 있다。 여기에서 《시경》의 한 귀절을 인용한 것은 자기의 〈효〉 사상이 이미 옛날 경전(經傳)에도 강조되었었음을 증명하기 위한 것이다。 장명(章名)인 「개종명의(開宗明義)」는 〈효〉의 「근본을 개장(開張)하여 그 뜻을 밝힌다」는 뜻이다。 따라서 이 제一장은 《효경》 전체의 서설(序說)에 해당하는 성격의 것이다。

제二장 천자(天子)

~천자로서의 〈효〉~

공자께서 말씀하시었다.

『어버이를 사랑하는 사람은 감히 남을 미워하지 아니하고, 어버이를 공경하는 사람은 감히 남을 업신여기지 않는다. 그러기에 어버이를 섬기는 데에 사랑과 공경을 다하면 덕(德)의 교화(敎化)가 백성에게 가해져서, 온 세상의 의법(儀法)이 된다. 이것이 천자의 〈효〉인 것이다. 《서경(書經)》 보형(甫刑)에 이르기를, 「한 사람이 훌륭하면 만백성이 그를 의지하게 된다」고 하였다.』

子曰, 「愛親者는, 不敢惡於人①하고, 敬親者는, 不敢慢②於人이니라. 愛敬盡於事親하면, 而德敎加於百姓하여, 刑③于四海하니라. 蓋天子之孝也니라. 甫刑④云, 『一人有慶⑤이면, 兆民賴⑥之라』 하니라.」

〔註〕 ① **惡於人**(오어인) : 사람들에 대하여 미워하다. 남을 미워하다. ② **慢**(만) : 공경의 반대. 업신여기다. 가벼이 여기다. ③ **刑**(형) : 의법(儀法)이 되다. 법도가 되다. 모범이 되다. ④ **甫刑**(보형) : 《서경(書經)》 주서(周書) 여행(呂刑)편. 여후(呂侯)의 형서(刑書)라는 뜻에서 「여형」이라 부르나 뒤

에 여후의 자손이 보(甫)의 제후가 되었기 때문에 「보형」이라고도 부르게 되었던 것이다. ⑤ **慶**(경) : 선(善)의 뜻. 훌륭한 것. 선한 것. ⑥ **賴**(뢰) : 의뢰하다. 의지하다.

〔**解義**〕 이 장에서는 천자로서의 〈효〉를 해설하고 있다. 곧 천자는 어버이를 섬기는 〈효〉를 바탕으로 하여 천하를 다스려야 한다는 것이다. 왜냐하면 어버이를 사랑하는 마음가짐을 갖고 있으면 결국 널리 모든 사람들을 사랑할 수 있게 되고, 어버이를 공경하는 마음가짐을 갖고 있으면 다시 모든 사람들을 위할 수 있게 되기 때문이다. 따라서 천자가 자신의 〈효〉를 바탕으로 하여 정치를 할 때 온 세상은 그의 덕에 의하여 교화되게 된다는 것이다. 《서경》에서 말한 「한 사람」이란 곧 임금 또는 천자를 가리킨다. 천자가 〈효〉를 행하면 자연 그 〈효〉의 덕이 다른 일에까지도 확충(擴充)되게 되고, 그러면 만백성이 그의 덕에 의지하게 되고 그를 따르게 된다는 것이다.

제三장 제후(諸侯)

~제후로서의 〈효〉~

윗 자리에 있으면서도 교만하지 아니하면 높으면서도 위태롭지 아니하고, 비용을 절제하고 예법을 삼가면 가득 차면서도 넘치지 아니한다。 높으면서도 위태롭지 않으면 그럼으로써 오래도록 존귀함을 지키게 될 것이며, 가득 차면서도 넘치지 아니하면 그럼으로써 오래도록 부함을 지키게 될 것이다。 부(富)와 귀(貴)가 그의 몸에서 떠나지 않게 되어야만 그의 사직(社稷)을 보전하고 그의 백성을 화평케 할 수가 있는 것이다。 이것이 제후의 〈효〉인 것이다。《시경》에 이르기를, 「두려워하고 조심하기를 깊은 못에 가까이 가듯, 얇은 얼음 판을 밟고 가듯 한다」고 하였다。

在上不驕①면, 高而不危하고, 制節②謹度③면, 滿而不溢이니라。 高而不危는, 所以長④守貴也요, 滿而不溢은, 所以長守富也니라。 富貴不離其身하면, 然後能保其社稷⑤하고, 而和其民人이니라。 蓋諸侯之孝也니라。

詩⑥云, 「戰戰⑦兢兢⑧하여, 如臨深淵하고, 如履⑨薄冰이라」 하니라。

〔**註**〕 ① **驕**(교) : 교만하다。 무례한 것。 ② **制節**(제절) : 비용을 절제하다。 검약하다。 ③ **謹度**(근도)

법도를 삼가다. 예법을 삼가 지키다. ④ **長**(장) : 오래도록. 영원히. ⑤ **社稷**(사직) : 社는 토신(土神), 稷은 곡신(穀神). 천자와 제후는 옛날부터 사직단(社稷壇)을 만들어 놓고 나라의 풍년을 빌기 위하여 토신과 곡신에게 제사지내었다. 그 때문에 사직을 지킨다는 것은 그의 나라나 자신의 왕위를 지킨다는 뜻과 같은 말이 되었다. ⑥ **詩**(시) : 《시경》 소아(小雅) 소민(小旻)편에 보이는 귀절. ⑦ **戰戰**(전전) : 두려워서 떠는 모양. ⑧ **兢兢**(긍긍) : 몹시 조심하고 삼가는 모양. ⑨ **履**(리) : 밟다. 밟고 가다.

〔**解義**〕 여기서는 제후(諸侯)로서의 〈효〉를 해설하고 있다. 제후가 부모에게 진실로 〈효〉를 행하면, 자신이 높은 자리에 있으면서도 교만하지 않고, 온 나라의 부를 갖고 있으면서도 검약할 줄 알게 된다. 임금이면서도 교만하지 아니하면 자연 신하들도 모두 예를 지키게 되어 그의 높은 지위가 위태롭게 되는 일이 없게 될 것이다. 임금으로서 검약을 하면 나라의 재정이 천하 낭비되는 일이 없게 될 것이다. 백성들이 모두 임금을 본받고 임금을 따르게 될 것이기 때문이다. 그러므로 제후가 〈효〉를 바탕으로 하여 예에 알맞게 행동하고 비용을 절약하면 자신도 오래도록 왕위를 보전케 될 뿐만이 아니라 백성들도 모두 화평을 누리게 된다는 것이다.

여기에서 보면 제一장 천자(天子), 제三장 제후(諸侯)의 〈효〉를 구분하고, 천자의 경우는 〈효〉의 사랑과 공경이라는 근본 정신, 제후의 경우는 사랑과 공경에서 한 발자국 더 나아가 교만하지 아니하고 검약하는 행위에서부터 각각 그들의 〈효〉를 해설하고 있다. 〈효〉의 기본 정신은 천자나 제후는 물론 백성에게까지 모두 적용되는 것이지만, 상대방의 신분의 큰 차이를 근거로 〈효〉의 해설 차원을 달리하고 있는 것이다.

제四장 경대부(卿大夫)

~경대부로서의 〈효〉~

선왕(先王)의 법도에 맞는 옷이 아니면 감히 입지 아니하고、선왕의 법도에 맞는 말이 아니면 감히 말하지 아니하며、선왕의 덕에 맞는 행동이 아니면 감히 행하지 아니한다。그러므로 법도에 어긋나는 것은 말하지 아니하고、도에 어긋나는 일은 행하지 아니하면 입은 가려서 말할 것이 없고 몸은 가려서 행할 일이 없게 된다。그리하여 말이 천하에 가득차더라도 입의 과오(過誤)가 없게 되고、행동이 천하에 가득 차더라도 원한이나 미움이 없게 되는 것이다。이 세 가지가 갖추어진 다음에야 그의 종묘(宗廟)를 지킬 수 있게 되는 것이다。이것이 경대부(卿大夫)의 〈효〉인 것이다。

《시경》에 이르기를、「새벽부터 밤까지 게을리 하지 않고、한 사람을 섬긴다」고 하였다。

非先王之法服①이면、不敢服하고、非先王之法言②이면、不敢道③하며、非先王之德行이면、不敢行이니라。

是故로非法不言하고、非道不行하여、口無擇言④하고、身無擇行이니라。言滿天下라도、無口過⑤하고、行滿天下라도、無怨惡⑥니라。三者⑦備矣、然後에能守其宗廟⑧니라。蓋

卿大夫⑨之孝也니라。

詩⑩云、「夙夜⑪匪解⑫하여、以事一人⑬이라」하니라。

〔註〕 ① **法服**(법복) : 법도에 맞는 옷。예법에 맞는 옷。② **法言**(법언) : 법도에 맞는 말。③ **道**(도) : 말하다。④ **口無擇言**(구무택언) : 입은 가리어 하는 말이 없다。곧 선왕의 법도에 맞는 것 만을 가리어 말함을 뜻한다。⑤ **口過**(구과) : 입의 과오。말하는 과실。⑥ **怨惡**(원오) : 원한과 미움。⑦ **三者**(삼자) : 세 가지 것。곧 선왕의 법도에 맞는 옷과 말과 행동의 세 가지。⑧ **宗廟**(종묘) : 조상을 제사지내는 묘당(廟堂)。경대부들은 누구나 종묘에서 조상에게 제사를 지냈으므로、「종묘를 지킨다」는 것은 곧 「자기 집안을 잘 지켜 나가는 것」을 뜻한다。⑨ **卿大夫**(경대부) : 옛 봉건주의(封建主義) 시대에는 천자가 제후들에게도 나라를 봉(封)해 주었지만、경대부들에게도 모두 크고 작은 고을을 채읍(采邑)으로 주어 그 고을을 다스리었다。따라서 천자가 천하를 다스렸다면 제후는 국(國)、경대부는 가(家)를 다스렸다。지위는 조정의 대신 및 지방장관 급에 해당한다。⑩ **詩**(시) : 《시경》 대아(大雅) 증민(烝民)편에 보이는 귀절。⑪ **夙夜**(숙야) : 이른 새벽부터 밤 늦게까지。후세에는 「부지런히」라는 뜻의 관용어(慣用語)처럼 변하였다。⑫ **匪解**(비해) : 匪는 非(비)와 통하는 부정사、따라서 게을리 하지 않다。태만하지 않다의 뜻。⑬ **一人**(일인) : 임금을 가리킴。

〔解義〕 경대부의 〈효〉는 법도에 맞는 예복과 법도에 맞는 말과 법도에 맞는 행동의 세 가지로 이루어진다는 것이다。신분이 낮아갈수록 〈효〉의 해설이 세절(細節)을 바탕으로 이루어지고 있다。

여기에서 옷을 이처럼 중시하고 있는 것은 예(禮)를 존중하는 유가에게 있어 옷은 바로 몸의 의표(儀表)로써 그의 신분을 상징하기 때문이다。옛날부터 중국에는 예복으로서 조복(朝服)·예복(禮服)·제복(祭服)·상복(喪服)·조복(弔服) 등이 있었고、신분에 따라 모두 다른 채색과 무늬가 사용되었었다。 따라서 옷은 바로 중국의 예를 대표하고 있어서、 당(唐) 현종(玄宗)은 《효경》의 이 대목 주(注)에서 「경대부로서는 예법을 준수하여 감히 위를 넘보거나 아래를 억누르는 짓을 하지 말아야 함을 뜻한다」고 해설하고 있다。

〈효〉에 있어 말과 행동이 중요하다는 것은 두 말할 것도 없는 일이다。 올바른 말을 하여 신의를 지키고 덕에 어긋나지 않는 행동을 하면 〈효〉가 이루어지고 자기 집안을 잘 보전하게 될 것이다。 경대부들은 〈효〉를 이룩하여 백성을 위해 일하는 한 편 《시경》에 노래하고 있듯이 「부지런히 임금을 섬기는 일」에 노력하여야만 할 것이다。

제五장 사(士)

~선비로서의 〈효〉~

아버지를 섬기는 것을 바탕으로 하여 어머니를 섬기되 사랑하는 마음이 같아야 하며, 아버지를 섬기는 것을 바탕으로 하여 임금을 섬기되 공경하는 마음이 같아야 한다. 그러므로 어머니는 그 사랑하는 마음을 취하고 임금은 그 공경하는 마음을 취하는데, 이것들을 겸하고 있는 것은 아버지인 것이다.

그래서 〈효〉로써 임금을 섬기면 곧 〈충(忠)〉이 되고, 공경하는 마음으로써 어른을 섬기면 〈순(順)〉이 되는 것이다. 〈충〉과 〈순〉을 잃지 않고 그의 윗 사람을 섬기어야만 그의 녹(祿)과 벼슬을 보전하고 그의 제사를 지킬 수가 있게 될 것이다. 이것이 사(士)의 〈효〉인 것이다. 《시경》에 이르기를, 「새벽 일찍 일어나 밤 늦게 자기까지 그대를 낳아준 이들을 욕되게 하지 마라」고 하였다.

資①於事父하여, 以事母하되, 而愛同하며, 資於事父하여, 以事君하되, 而敬同이니라. 故로母取其愛하고, 而君取其敬이어늘, 兼之者는, 父也니라.

故로以孝事君則忠이오, 以敬事長則順②이니라. 忠順不失하여, 以事其上하면, 而後

能保其祿位③하고、而守其祭祀④하니라。蓋士之孝也니라。
詩⑤云、「夙興夜寐하되、無忝⑥爾所生⑦이라」하니라。

〔**註**〕① **資**(자)：옛 주에는 모두 「취(取)하다」의 뜻으로 해석하고 있으나、「바탕으로 하다」「근거로 하다」의 뜻으로 봄이 좋겠다。② **順**(순)：종순(從順)·순종(順從)의 뜻。③ **祿位**(녹위)：봉록(俸祿)과 벼슬 자리。④ **祭祀**(제사)：조상을 제사 지내는 것。조상을 제사 지내는 것은 사람으로서의 의무이므로、「그의 제사를 지킨다」는 것은 그의 집안을 잘 보전하고 자신의 직위를 제대로 유지함을 아울러 뜻한다。⑤ **詩**(시)：《시경》 소아(小雅) 소완(小宛)편에 보이는 귀절。⑥ **忝**(첨)：욕되다。욕되게 하다。⑦ **所生**(소생)：낳아준 이。곧 부모를 가리킨다。

〔**解義**〕 옛날 봉건주의 시대에 있어서 사(士)는 벼슬할 수 있는 사람들 중 가장 낮은 계급에 속하는 사람들이었다。 이들은 위로는 임금과 경대부(卿大夫)들을 섬겨야만 했고、 아래로는 직접 백성들을 잘 돌보아 주어야만 하였다。 여러 관청의 장(長)을 제외한 관리들이 모두 사였기 때문에、 이들은 좀 더 능력을 발휘하여 윗 사람들의 눈에 들게 되면 좋은 자리에 있을 수 있었고 그렇지 않으면 벼슬조차도 못하고 서민에 가까운 생활을 하여야만 하였다。

여기서 〈효〉가 부모 중에서도 아버지를 중심으로 해설되고 있는 것은 주(周)나라 시대의 종족제도(宗族制度)나 주말(周末) 이후의 가족제도에 있어서 온 가족이나 친척들까지도 그 종족의 맏아들이나 가장(家長)의 지배 아래 있었던 것을 생각할 때 불가피했던 일이라 할 것이다。 그러나 아버지를 중심으로 한 〈효〉라 할지라도 그것을 어머니는 물론 임금과 어른들 또는 상사(上司)에게로 확장(擴張)시켜 나가려 한 것은 훌륭한 일이라 할 것이다。 부모에 대한

〈효〉를 바탕으로 하여 임금에 대한 〈충〉과 윗 사람들에 대한 〈순(順)〉이 나온다는 것이다. 이러한 〈효〉가 이룩될 때 자기 집안의 평화와 개인의 행복도 이룩될 수가 있는 것이다。 그러기에 끝머리에서는 《시경》을 인용하여 밤낮으로 자기를 낳아준 부모에게 욕되는 일이 없도록 노력하라고 교훈을 하고 있는 것이다。

제六장 서인(庶人)

~서민으로서의 〈효〉~

하늘의 도(道)를 원용(援用)하고, 땅의 이점을 분별하여, 몸을 삼가고 쓰는 것을 절약하여 부모님을 부양하여야 한다。 이것이 서인(庶人)들의 〈효〉인 것이다。 그러므로 천자로부터 서인에 이르기까지 〈효〉에는 끝과 시작이 없는 것이다。 그런데 미치지 못할 것을 걱정하는 사람은 아직도 있지 않은 형편인 것이다。

用天之道①하고, 分地之利②하여, 謹身③節用하여, 以養父母니라。 此庶人之孝也니라。 故로自天子至於庶人이, 孝無終始④니라。 而患⑤不及⑥者이, 未之有也니라。

〔註〕 ① **用天之道**(용천지도) : 하늘의 도를 원용하다。「하늘의 도」란 사철이 바뀌고 기후가 변화하는 원리를 뜻하며, 그것을 「원용한다」는 것은 서인들은 농사를 지음에 있어 사철의 바뀜과 기후의 변화를 잘 응용해야 함을 뜻한다。 ② **分地之利**(분지지리) : 땅의 이점을 분별하다。 이 말도 서인들이 농사를 짓고 생산업에 종사함에 있어, 여러 가지 땅의 성질이나 지형을 잘 살피어 적절히 땅을 이용하여야만 함을 말하는 것이다。 ③ **謹身**(근신) : 몸을 삼가다。 몸을 올바르게 간수하여 욕되는 일이 없도록 하는 것。 ④ **無終始**(무종시) : 끝도 시작도 없다。 천자로부터 서인에 이르기까지 여러 가지 신분상의 계층의 차이가 있으나 〈효〉를 행하는데 있어서만은 그 원리가 모두 같다。 곧 천자에서 시작되어 서민에게서 끝나는 것 같은 것이 아니라는 뜻。 ⑤ **患**(환) : 걱정하다。 근심하다。 ⑥ **不及**(불급)

: 완전한 〈효〉에 아직 미치지 못하고 있다고 생각하는 것。

〔**解義**〕 서인들은 그 나라의 생산업에 종사하는 계급들이다。 옛날에는 농업이 위주였지만 상업이나 공업도 서인들에 의하여 지탱되었다。 그런가에 여기서는 땅의 조건과 계절이나 기후조건을 잘 살펴서, 저기에 맞추어 자기 생업을 잘 영위해 나갈 것을 무엇보다도 먼저 강조하고 있는 것이다。 서인들은 이처럼 자기 생업을 성실히 수행하고 나서야 올바른 처신과 근검(勤儉)한 생활을 하면서 부모님을 부양하여 〈효〉를 이룩하게 되는 것이다。

그리고 이 장의 끝머리 대목은 앞의 천자(天子)·제후(諸侯)·경대부(卿大夫)·사(士)에서 서인에 이르는 〈효〉를 총괄(總括)한 말이다。 사회적인 신분의 차이에 따라 각기 역점을 두어야만 할 일들은 서로 다르지만 〈효〉의 원리만은 천자에서 서인에 이르기까지 모두에게 똑같이 적용된다는 것이다。 끝머리에 「미치지 못하고 있음을 걱정하는 사람은 아직도 있은 일이 없는 형편이다」고 말한 것은, 사람들에게 꾸준히 완전한 〈효〉의 실천을 위하여 노력하라는 격려의 뜻을 담고 있는 말이다。

송(宋)대의 주희(朱熹)는 이 장 끝머리에 이처럼 모든 사람들의 〈효〉를 총결(總結)하는 것이 들어 있는 것을 근거로, 《효경》을 이상 六장을 합쳐 한 장으로 만들고 이것을 「경(經)」이라 하고, 나머지는 후인이 이를 해설한 「전(傳)」이라 보고 이들을 모두 一四장으로 정리한 일이 있다。 그러나 주희의 이러한 작업은 《대학(大學)》·《중용(中庸)》의 정리나 마찬가지로 확실한 과학적인 근거 위에 행해진 것은 아니다。 그러나 옛 사람들의 〈효〉 사상을 체계적으로 밝힌 점에 있어서는 뛰어나는 업적이 된다고 할 것이다。

제七장 삼재(三才)

~하늘·땅과 사람의 〈효〉~

증자가 말하였다。

『굉장하다。〈효〉의 위대함이여!』

공자께서 말씀하시었다。

『〈효〉라는 것은 하늘의 법도이며 땅의 의리(義理)이고 백성의 행실이 되는 것이다。하늘과 땅의 법도가 있는데、백성은 그것을 본받아야 하는 것이다。하늘의 밝음을 본뜨고 땅의 이점을 근거로 하여、천하를 순조로이 다스려야 한다。그러면 그의 교화(敎化)는 엄격하지 않아도 완성되고、그의 정치는 엄하지 않아도 다스려지게 되는 것이다。

옛 선왕(先王)들은 교화로써 백성들을 개화시킬 수가 있다고 보았기 때문에、이에 앞서 박애(博愛)를 실천하여、백성들은 모두가 그의 어버이를 소홀히 하는 이가 없게 되었다。그들에게 덕(德)과 의(義)에 관하여 펴니、백성들은 모두가 일어나 그것을 행하였다。이에 앞서 공경과 사양을 실천하니、백성들은 다투지 않게 되었다。그들을 인도하기를 예(禮)와 악(樂)으로써 하니、백성들은 화목하게 지내게 되었다。그들에게 제시(提示)하기를 호악(好惡)으로써 하니、백성들은 금령(禁令)을 이해하게 되었다。

《시경》에 이르기를, 「혁혁한 태사(太師) 윤씨(尹氏)여! 백성들 모두가 그대 우러러 보네라」 하였다。』

曾子曰、「甚哉라、孝之大也여!」

子曰、「夫孝는、天之經①也요、地之義②也며、民之行也니라。天地之經을、而民是則③之니라。則天之明하고、因地之利④하여、以順⑤天下니라。是以로其敎不肅而成하며、其政不嚴而治하니라。

先王見敎⑥之可以化民也니、是故로先之以博愛하여、而民莫遺⑦其親이오、陳⑧之於德義하니、而民興行이오、先之以敬讓하니、而民不爭이오、導之以禮樂하니、而民和睦이오、示之以好惡⑨하니、而民知禁⑩이니라。

詩⑪云、『赫赫⑫師尹⑬이여、民具爾瞻⑭이라』하니라。」

〔**註**〕 ① **天之經**(천지경) : 하늘의 법도。하늘의 일정한 원리。 ② **地之義**(지지의) : 땅의 의리(義理)。동물과 식물이 제대로 자라게 해주는 땅의 원리。 ③ **則**(칙) : 본뜨다。법도로 삼고 따르다。 ④ **地之利**(지지리) : 동식물을 그 위에 자라게 해주는 땅의 이로운 원리。 ⑤ **順**(순) : 순조로이 하다。순조롭게 다스리다。 ⑥ **敎**(교) : 교화。주희(朱熹)、사마광(司馬光) 등은 〈孝〉자의 잘못이라 하였으나、그대로 읽어도 좋다。 ⑦ **遺**(유) : 잊다。소홀히 하다。 ⑧ **陳**(진) : 펴다。포진(布陳)의 뜻。 ⑨ **好惡**(호악) : 좋은 것과 나쁜 것。선과 악。좋은 일을 하는 사람에게는 상을 주고 나쁜 짓을 하는 자에게는 벌을 내리는 것을 뜻함。 ⑩ **禁**(금) : 금하는 것。금령(禁令)。 ⑪ **詩**(시) : 《시경》 소아(小雅) 절피남산(節彼南山)편에 보이는 귀절。 ⑫ **赫赫**(혁혁) : 높은 지위를 형용한 말。공이 많은 것을 형용한 말。

⑬ **師尹**(사윤):《모전(毛傳)》에서는 師는 벼슬인 태사(太師)。尹은 성으로 보았다。그러나 청(淸)말의 왕국유(王國維)는 師와 尹 모두가 벼슬 이름으로、師는 삼공(三公)의 하나인 태사이고、尹도 작책윤(作册尹)·내사윤(內史尹) 등 윤씨(尹氏)라고 흔히 불렀던 벼슬 이름이라 하였다(書作册詩尹氏說)。⑭ **爾瞻**(이첨):그대로 우러러 보다。

〔**解義**〕 장명인「삼재(三才)」는 하늘·땅·사람의 세 가지를 뜻한다(《易經》繫辭傳)。이 장은 앞뒤 이단으로 이루어져 있는데、앞 단에서는〈효〉란 사람의 행위이기는 하지만 하늘의 법칙과 땅의 의리에 상통하는 위대한 윤리임을 밝히고 있다。그러기에 사람이 하늘과 땅의 법칙과 상통하는〈효〉를 바탕으로 하여 행동할 때、그 교화(敎化)와 정치가 천하에 순조롭게 이룩된다는 것이다。

뒤 단에서는 옛 선왕(先王)들의 업적을 통하여 그 사실을 증명하고 있다。선왕들은〈효〉를 바탕으로 한 박애(博愛)의 정신으로 백성들을 대하였기 때문에 백성들도 모두 부모에게〈효〉를 행하였었다。그리고 선왕들이 백성을 다스림에 있어 발휘한 덕(德)과 의(義)、공경과 사양、예의와 음악、좋은 일을 하는 이들에게 상을 주고 나쁜 짓을 하는 자들에게 벌을 주는 것 같은 일들을 실천할 수 있었던 것도 그들이〈효〉를 이룩하고 있었기 때문이라는 것이다。선왕들은 이처럼 위대한〈효〉를 바탕으로 하여 정치를 하였기 때문에《시경》에서 노래했듯이 모든 백성이 우러러 보는 존재가 될 수 있었다는 것이다。

결국 사람이 하늘과 땅과 함께 이 우주 안의 가장 위대한 존재인「삼재(三才)」에 끼일 수 있는 것은〈효〉때문이라는 결론이 나오는 것이다。

제八장 효치(孝治)

~〈효〉를 통한 다스림~

공자께서 말씀하시었다.

『옛날의 명철(明哲)한 임금이 〈효〉로써 천하를 다스릴 적에는 작은 나라의 신하라 할지라도 감히 소홀히 하지 않았으니, 하물며 공(公)·후(侯)·백(伯)·자(子)·남(男) 등이야 어떠했겠는가? 그러므로 만국(萬國)의 환심(懽心)을 사가지고 그들의 선왕(先王)들을 섬기었던 것이다.

나라를 다스리는 사람은 홀아비나 과부라 할지라도 감히 업신여기지 않는 법이니, 하물며 선비나 백성들에게야 어떠하겠는가? 그러므로 백성들의 환심을 사가지고 그들의 선군(先君)을 섬기게 되는 것이다.

집안을 다스리는 사람은 노복(奴僕)이나 첩들에게도 감히 인심을 잃지 않는 법이니, 하물며 아내나 자식들에게야 어떠하겠는가? 그러므로 사람들의 환심을 사 가지고 그들의 어버이를 섬기게 되는 것이다.

그렇기 때문에 어버이들이 살아서는 편안히 지내고, 제사를 지내면 귀신으로서 그것을 흠향(歆饗)하게 되는 것이다. 그러하여 천하가 평화스럽고, 재해(災害)가 생겨 나지 않으며 환난이 일어나지 않게 되는 것이다。

그러므로 명철한 임금이 〈효〉로써 천하를 다스릴 적에는 모두 이와 같이 되는 것이다。

《시경》에 이르기를, 「덕행(德行)이 위대하니, 사방의 나라들이 그를 따른다」고 하였다。』

子曰、「昔者明王之以孝治天下也에、不敢遺①小國之臣②하니、而況於公侯伯子男③乎아! 故로得萬國之懽心④하여、以事其先王하니라。

治國者는、不敢侮於鰥寡⑤이니、而況於士民⑥乎아! 故로得百姓之懽心하여、以事其先君⑦하니라。

治家者는、不敢失⑧於臣妾⑨이니、而況於妻子乎아! 故로得人之懽心하여、以事其親하니라。

夫然하니、故로生則親安之하고、祭則鬼享⑩之하니라。是以로、天下和平하고、災害不生하며、禍亂不作하니라。故로明王之以孝治天下也이、如此하니라。

詩⑪云、『有覺⑫德行하니、四國⑬順之라』하니라。」

〔註〕① **遺**(유)：빠뜨리다。소홀히 하다。② **小國之臣**(소국지신)：정식으로 작위(爵位)를 받지 못한 조그만 나라의 신하。《예기(禮記)》왕제(王制)에 「공후(公侯)는 백리(百里) 평방、백(伯)은 칠십리 평방、자남(子男)은 오십리 평방의 땅」이었다는 기록이 보이니、「작은 나라」란 오십리 평방의 넓이도 되지 않는 나라를 뜻한다 할 것이다。③ **公侯伯子男**(공후백자남)：옛날 봉건주의 시대에 제후(諸侯)들이 받았던 다섯 등급의 작위(爵位)。④ **懽心**(환심)：懽은 歡(환)과 같은 글자。⑤ **鰥寡**(환과)：

홀아비와 과부。의지할 곳이 없는 사람들。⑥ **士民**(사민)：사(士)와 서민(庶民)。사는 봉건주의 시대에 벼슬할 수 있는 사람들 중 가장 낮은 계급、서민은 생산업에 종사하는 백성들。⑦ **先君**(선군)：제후(諸侯)의 선대 임금들。⑧ **失**(실)：인심을 잃는 것。신망(信望)을 잃는 것。⑨ **臣妾**(신첩)：노복(奴僕)과 첩들。⑩ **享**(향)：흠향(歆饗)하다。귀신이 제사를 받아 잡숫는 것。享은 饗과 통함。⑪ **詩**(시)：《시경》 대아(大雅) 억(抑)편에 보이는 귀절。⑫ **覺**(각)：큰 것。위대한 것。⑬ **四國**(사국)：사방의 나라。온 세상。

〔**解義**〕 이 장에서는 다시 〈효〉를 근거로 하여 세상을 어떻게 다스리는 가를 해설하고 있다 우선 옛날의 명철한 임금들은 자기의 〈효〉를 온 세상에 펴 나감으로써 모든 사람들을 사랑하였다。그래서 다른 신하들도 모두 그를 따르게 되어 그는 무난히 왕의 자리를 유지할 수가 있었다는 것이다。

공자는 이러한 옛 명철한 임금의 예를 제후(諸侯)로부터 대부(大夫)에 이르는 모든 사람이 따를 것을 요구하고 있다。제후가 나라(國)를 다스리는 거나 대부가 집안(家)을 다스리는 것도 천자가 천하를 다스리는 원리와 조금도 다를 바가 없다는 것이다。모든 사람들이 〈효〉를 행하여 모든 어버이들이 편안히 살아가고 모든 조상의 귀신들이 제사를 기꺼이 받아들이게만 된다면、세상은 평화롭게 된다는 것이다。《시경》의 「덕행이 위대하니、사방의 나라들이 따른다」는 귀절을 인용하고 있는데、공자는 그 덕행이란 바로 〈효〉가 바탕이 되는 것이라고 생각했던 것이다。

제九장 성치(聖治)

~아버지와 하늘~

증자가 여쭈었다.

『감히 여쭙겠읍니다. 성인(聖人)의 덕에 〈효〉보다 더한 것은 없읍니까?』

공자께서 말씀하시었다.

『하늘과 땅이 낳은 것 중에서 사람이 가장 존귀한데, 사람의 행위에 있어서는 〈효〉보다 큰 것이 없고, 〈효〉에 있어서는 아버지를 존엄(尊嚴)히 모시는 것보다 큰 것이 없으며, 아버지를 존엄히 모시는 데 있어서는 하늘에 배합(配合)시키는 것보다 큰 것이 없다. 그런데 주공(周公)은 바로 그것을 실천한 분이시다.

옛날에 주공께서는 하늘을 제사지내실 적에 시조(始祖)인 후직(后稷)을 하늘에 배향(配享)하셨고, 문왕(文王)을 명당(明堂)에 높이어 제사지냄으로써 하느님과 배합(配合)하셨었다. 그리하여 온 세상 안의 제후(諸侯)들이 각각 그의 직무(職務)를 다하고 조제(助祭)를 하러 왔었다.

성인의 덕에 또 무엇이 〈효〉보다 더한 것이 있겠는가? 본시 친애(親愛)의 정이 부모 무릎 아래에서 자랄 때 생겨나서, 부모를 날로 존엄히 부양하게 되는 것이다. 성인들은 이 존엄을 근거로 하여 공경을 가르치고, 친애를 근거로 하여 사랑을 가르친다. 성인의 가르침은 엄히 하지 않아도 이루어지고, 그의 정치는 엄격히 하지 않아도 다스려 지는데, 그들이 근거로 삼는 것이 바로 근본이기 때문이다.

부자(父子)의 도(道)는 천성(天性)의 것이며, 임금과 신하의 의리(義理)가 된다. 부모는 우리를 낳아 주셨으니 상속(相續)을 더할 수 없이 크게 받은 것이고, 임금은 친히 우리를 다스리고 있으니 그 후의(厚誼)가 이보다 더 무거울 수가 없는 것이다. 그러므로 그의 어버이는 사랑하지 않으면서도 다른 사람은 사랑하는 것을 덕에 어긋나는 짓이라 말하고, 그의 어버이는 공경하지 않으면서도 다른 사람은 공경하는 것을 예에 어긋나는 짓이라 말하는 것이다. 도리를 따라야 할터인데도 법도에 어긋나는 행위를 한다면 백성들은 본받을 곳이 없게 될 것이며, 선(善)한 데에 마음을 두지 않고 모두 흉악한 짓에만 마음을 두게 될 것이다. 비록 그가 뜻을 이루었다 하더라도 군자(君子)들은 존귀하게 여기지 않을 것이다.

군자는 그렇지 아니하다. 말할 적에는 도(道)에 합당할까 먼저 생각해 보고, 행동할 적에는 즐거울 수가 있는 것인가 먼저 생각해 본다. 그의 덕(德)과 의(義)로움은 존중할 만한 것이 되도록 하고, 일을 하는 데 있어서는 법도가 될만 하도록 하며, 용모와 차림새는 남이 볼 만한 것이 되도록 하고, 행동은 남의 모범이 될 만하게 하며, 그래가지고서야 백성들을 대한다. 그리하여 그 백성들은 그를 존경하면서 사랑하고, 법도로 삼으면서 본받게 되는 것이다. 그러므로 그의 덕에 의한 교화를 이룩하고 그의 정령(政令)을 행할 수가 있게 되는 것이다.

《시경》에 이르기를, 「훌륭하신 군자여, 그의 위의(威儀) 법도에 어긋나지 않네」라 하였다.』

曾子曰, 「敢問聖人之德에, 無以加於孝乎니까?」

子曰, 「天地之性①에, 人爲貴니, 人之行은, 莫大於孝하고, 孝는莫大於嚴②父하고, 嚴父는莫大於配天③하니, 則周公④이其人也니라.

昔者에, 周公이郊祀⑤에, 后稷⑥以配天하시고, 宗祀⑦文王⑧於明堂⑨하사, 以配上帝하시니라. 是以로四海之內⑩이, 各以其職⑪來祭⑫하니라.

夫聖人之德에, 又何以加於孝乎아? 故⑬로親⑭生之膝下⑮하여, 以養父母日嚴이니라. 聖人因嚴以敎敬하고, 因親以敎愛하니라. 聖人之敎이, 不肅而成하고, 其政不嚴而治하니, 其所因者本⑯也니라.

父子之道는, 天性也요, 君臣之義也니라. 父母生之하시니, 續⑰莫大焉이오, 君親臨之하니, 厚⑱莫重焉이라. 故로不愛其親而愛他人者는, 謂之悖⑲德이오, 不敬其親而敬他人者는, 謂之悖禮니라. 以順則逆⑳이면, 民無則焉이오, 不在㉑於善하고, 而皆在於凶德하니라. 雖得志㉒라도, 君子不貴也니라.

君子則不然이라. 言思可道하고, 行思可樂㉓하니, 德義可尊하고, 作事可法하며, 容止㉔可觀하고, 進退㉕可度하여, 以臨其民하니라. 是以로其民畏㉖而愛之하고, 則而象㉗之하니라. 故로能成其德敎하고, 而行其政令하니라.

詩㉘云、『淑人㉙君子여、其儀㉚不忒㉛이라』하니라。」

〔註〕 ① **天地之性**(천지지성)：하늘과 땅의 본성。性은 生과 통하여 여기서는 「하늘과 땅이 낳은 것」。② **嚴**(엄)：존엄(尊嚴)히 하다。엄히 존경하는 것。③ **配天**(배천)：하늘에 짝지우다。하늘에 배합시키다。하늘과 대등한 자리에 놓고 존경하는 것。④ **周公**(주공)：주(周) 무왕(武王)의 아우。무왕이 돌아간 뒤 어린 조카 성왕(成王)이 즉위하자 주공이 섭정(攝政)하여 주나라 정치의 기반을 다짐。그리고 여러 가지 제도와 예법 등을 제정하여 주나라의 문물(文物)을 완비시켰다。그 때문에 주나라 초기의 봉건제도를 재현(再現)시켜 보려고 애썼던 공자는 특히 주공을 흠모하였다。⑤ **郊祀**(교사)：하늘에 지내는 제사。남쪽 교외에 제단을 모시고 지냈었다。⑥ **后稷**(후직)：주(周)나라의 시조。순(舜)임금의 신하로서 이름은 기(棄)、순이 농사를 다스리는 관리인 후직(后稷)에 임명하여 그의 호가 되었으며、뒤에 태(邰)라는 곳에 봉하여졌다。후직의 십오세손(孫)인 왕계(王季)가 문왕(文王)을 낳아 주(周)나라를 일으키고 천하를 다스릴 천명(天命)을 받았었다 한다。⑦ **宗祀**(종사)：높이어 제사지냄。⑧ **文王**(문왕)：이름은 창(昌)、은(殷)나라 주(紂) 밑에서 서백(西伯)이 되어 주나라를 크게 흥성시킨 끝에 천명(天命)을 받았으나、천명을 이룩하지 못하고 죽었다。뒤에 아들 무왕(武王)이 은나라를 처부수어 천명을 완성하고 주나라 천자가 되다。⑨ **明堂**(명당)：천자가 천하에 정령을 펴는 궁전、주공은 이 곳에서 오방상제(五方上帝)를 제사지냈는데、이 때 문왕을 높이어 상제 곧 하느님과 함께 제사를 지냈다。⑩ **四海之內**(사해지내)：온 세상。천하。여기서는 천하의 제후들을 가리킨다。⑪ **其職**(기직)：그의 직책。그의 직무를 잘 수행하는 것。여기서는 자기가 맡은 나라를 잘 다스리고 그 고장에 나는 토산물로 공물(貢物)을 마련해 가지고 제사에 참여하러 오는 것。⑫ **來祭**(내제)：제사를 지내러 오다。이 때 주제자(主祭者)는 천자이므로 제후들은 조제자(助祭者)로서 제사에 참여하였다。⑬ **故**(고)：여기서는 固와 통하여、「본시」의 뜻으로 봄이 문맥상 좋다。⑭ **親**(친)：친애(親愛)의 정。부모와 자식 간의 사랑。⑮ **膝下**(슬하)：부모 슬하에서 자랄 때。어릴 적。⑯ **本**(본)：근본。〈효〉를 가리킨다。⑰ **續**(속)：이어 받은 것。상속(相續)。부모에게서 몸을 타고 나고、혈통을 물려 받고、가업(家業)을 이어 받는 것 등 모두를 가리킨다。⑱ **厚**(후)：후의(厚誼)。두터운

은혜。⑲ **悖**(패) : 어기다。거스르다。⑳ **以順則逆**(이순칙역) : 〈효〉를 바탕으로 하여 사람들의 마음을 따름으로써 하여야 할 터인데、도리어 법칙을 어기다。㉑ **在**(재) : 마음을 두는 것。㉒ **得志**(득지) : 뜻을 얻는 것。자기 뜻대로 남의 윗 자리에 올라앉는 것。志는 之로 된 판본도 있다。㉓ **可樂**(가락) : 즐길 수 있는 것。남을 즐겁게 해줄만 한 것。㉔ **容止**(용지) : 용모와 차림새。위의(威儀)。㉕ **進退**(진퇴) : 나아가고 물러나는 것。동정(動靜)。행동。㉖ **畏**(외) : 외경(畏敬)。존경。㉗ **象**(상) : 본뜨다。흉내내다。㉘ **詩**(시) : 《시경》 조풍(曹風) 시구(鳲鳩)편에 보이는 귀절。㉙ **淑人**(숙인) : 착한 사람。훌륭한 사람。淑은 善과 뜻이 통함。㉚ **儀**(의) : 위의(威儀)。㉛ **忒**(특) : 어긋나다。법도에 어긋나는 것。

〔**解義**〕 이 장에서는 〈효〉의 원리를 바탕으로 하여 성인(聖人)의 다스림을 더욱 자세히 설명하고 있다。이 우주에는 하늘과 땅과 사람이라는 가장 존귀한 존재인 삼재(三才)가 있다。그런데 사람의 행위에 있어 〈효〉가 가장 큰 것이기 때문에、사람으로서는 그 〈효〉의 대상인 부모나 조상을 하늘 또는 하느님과 같은 위치에 놓고 존숭하여야만 한다는 것이다。

공자는 이러한 〈효〉의 위대함을 바탕으로 하여 세상을 다스려야 한다고 믿었다。부모에 대한 사랑을 세상에 확장시켜 세상에 서로 사랑하는 마음가짐을 널리 펴고、아버지를 존경하는 마음가짐을 세상에 널리 적용시켜 윗 사람을 공경하는 태도를 모든 사람이 배우도록 한다。이렇게 하면 세상은 저절로 평화롭게 다스려지고、교화(敎化)는 자연스럽게 이룩된다는 것이다。성인은 이러한 정치를 하였고、그런 정치를 한 성인들의 덕 중에서도 가장 위대한 것이 〈효〉라는 것이다。

부자의 관계란 천성적(天性的)인 것인데、그것을 임금과 신하 사이에 적용시키고 또 그 밖

동행 과말 이들람사 든모 면러그 。다한 만야가나 켜시용적 도에계관 의이사 들람사 든모 의
이들)子君(자군 。다된 게니지 을짐가몸 한륭훌 과덕 한륭훌 、고되 게가삼 록도맞 에도법 을
인성 。다된 게하룩이 를〉효〈 떠본 을들그 히연자 은들민서 면추갖 을덕 의〉효〈 한러이 저먼
。다이것 는다있 에〉효〈 이 로바 는)締要(체요 의림스다 의

제十장 기효행(紀孝行)

~부모섬기는 법~

공자께서 말씀하시었다.

『효자로서 어버이를 섬김에 있어서는, 평소에는 그의 공경하는 마음을 다하고, 봉양함에 있어서는 그분들이 즐거움을 다하도록 하며, 병이 나셨을 적에는 그의 근심을 다하도록 하고 상을 당했을 적에는 그의 슬픔을 다하며, 제사를 지낼 적에는 그의 엄숙한 마음을 다해야만 한다。 이 다섯 가지가 갖추어진 연후에야 어버이를 제대로 섬기는 게 되는 것이다。

어버이를 섬기는 사람은 윗 자리에 있어도 교만하지 아니하고, 아래 자리에 있어도 난동을 부리지 아니하며, 여러 사람들 틈에 끼어서도 다투지 않는 법이다。 윗 자리에 있으면서 교만하면 곧 망할 것이고, 아래 자리에 처하여 난동을 부리면 곧 형벌을 받게 될 것이며, 여러 사람들 틈에 끼어 다투면 곧 상처를 입게 될 것이다。 이 세 가지 일에서 벗어나지 못하면 비록 날마다 소·양·돼지의 고기로써 봉양한다 하더라도 여전히 불효(不孝)가 될 것이다。』

子曰、「孝子之事親也엔、居①則致②其敬하고、養則致其樂③하며、病則致其憂④하고、喪則致其哀하며、祭則致其嚴하니라。五者備矣면、然後에能事親이니라。

事親者는、居上不驕하고、爲下不亂하며、在醜⑤不爭이니라。居上而驕則亡하고、爲下而亂則刑하며、在醜而爭則兵⑥하니라。三者不除⑦면、雖日用三牲⑧之養이라도、猶爲不孝也니라。」

〔**註**〕① **居**(거)：평소 집에 있을 때。평상시。② **致**(치)：다하다。③ **致其樂**(치기락)：그 즐거움을 다하게 하다。곧 즐거운 낯、기쁜 모습으로 봉양할 것을 말한다。④ **致其憂**(치기우)：그의 근심을 다하다。부모가 편찮으실 적에는 병환 걱정에 머리도 제대로 빗지 못하고、성나는 일이 있더라도 노여움을 참는 것같은 것이다。⑤ **醜**(추)：여러 사람。사람들。⑥ **兵**(병)：칼이나 창같은 병기。여기에서는「병기에 의하여 상처를 입는 것」。⑦ **除**(제)：없애다。벗어나다。⑧ **三牲**(삼생)：소·양·돼지의 세 가지 짐승 고기。태뢰(太牢)라고도 불렀다。

〔**解義**〕 장명인「기효행(紀孝行)」은 효행에 대하여 기록한다는 뜻。따라서 이 장에서는 구체적으로 어버이에게 효도를 행한다는 것은 어떤 일인가를 기록하고 있다。

첫째：평소에는 언제나 공경하는 태도로 부모를 모시고、둘째：부모님을 봉양할 때에는 언제나 기쁨을 누리시도록 즐거운 태도로 하고、세째：병환이 나시면 함께 걱정하며 성의를 다하여 간호해 드리고、네째：부모님이 돌아가시면 슬픔을 다하여 극진히 상을 치루고、다섯째：제사를 지낼 적에는 엄숙한 마음과 몸가짐으로 하여야 한다는 것이다。이상 다섯 가지가 효행의 조건이다。

다음으로 〈효〉를 행하려는 사람의 마음가짐은 윗 자리에 있어도 교만하지 않고、아래 자리에 있어도 난동을 부리지 않고、여러 사람들과 어울리어도 다투지 않는다는 것이다。부모를 공경하는 마음이 남에 대하여도 겸손하게 만들고、부모에게 성심을 다하는 태도가 밖에 나가서도 윗 사람들을 공경히 받들게 만들고、부모에 대하여 친애하는 마음이 여러 사람들을 대할 적에도 작용하여 남과 다투지 않게 되는 것이다。그래서 〈효〉가 사람의 행위 중에서 가장 위대한 것이라 하였던 것이다。

제十一장 오형(五刑)

~불효(不孝)의 죄~

공자께서 말씀하시었다.

『오형(五刑)의 종류가 삼천(三千)이나 되지만, 그 죄에 있어서는 불효(不孝)보다 더 큰 것은 없다. 임금에게 강요(強要)를 하는 자에게는 윗사람이 없는 셈이고, 성인(聖人)을 비난하는 자에게는 법이 없는 셈이며, 〈효〉를 부정하는 자에게는 어버이가 없는 셈이다. 이것들은 대 혼란의 도(道)인 것이다.』

子曰, 「五刑①之屬②三千③이로되, 而罪莫大於不孝니라. 要④君者는無上이오, 非聖人者는無法이오, 非孝者는無親이니라. 此大亂之道也니라.」

〔註〕 ① **五刑**(오행) : 중국에 옛날부터 행해지던 다섯 가지 체형(體刑). 곧 묵형(墨刑 : 얼굴에 먹칠을 새겨 넣기)·의형(劓刑 : 코를 베는 형벌)·비형(剕刑 : 다리를 자르는 형벌)·궁형(宮刑 : 남자 생식기를 제거하는 형벌)·대벽(大辟 : 사형)의 다섯 가지. ② **屬**(속) : 무리. 종류. ③ **三千**(삼천) : 오형에 해당하는 죄목이 삼천 가지가 있었다는 뜻. ④ **要**(요) : 강요하다. 협박하다.

〔解義〕 여기서는 불효에 해당하는 형벌을 해설하고 있다. 옛날부터 중국에는 오형(五刑)이

있었고, 그 오형에 해당하는 죄목으로는 삼천 가지가 있었는데, 그 중에서도 불효가 가장 큰 죄목이라는 것이다. 곧 불효자는 사형에 해당한다는 말이 된다.

그리고 세상에서는 일반적으로 임금에 대한 불충죄(不忠罪)나 반역죄(反逆罪), 또는 성인의 도를 거슬리는 행위를 가장 큰 죄로 생각하고 있지만 이것들은 모두 불효로 통하는 것이다. 불효자는 부모가 없는 자나 마찬가지이니 무엇보다도 대란역도(大亂逆道)가 되는 것이다.

제十二장 광요도(廣要道)

~〈효〉는 왜 중요한 도인가?~

공자께서 말씀하시었다。

『백성에게 친애(親愛)를 가르치는 데 있어서는 〈효〉보다 더 좋은 것이 없고、백성에게 예의와 공순함을 가르치는 데 있어서는 우애보다 더 좋은 것이 없으며、사회 풍속을 순화(醇化)시키는 데 있어서는 음악보다 더 좋은 것이 없고、임금을 편안케 하고 백성을 다스리는 데 있어서는 예(禮)보다 더 좋은 것이 없다。

예라는 것은 공경하는 것일 따름이다。본시 그의 아버지를 공경하면 곧 아들이 기쁘하게 되고、그의 형을 공경하면 곧 아우가 기쁘하게 되며、그의 임금을 공경하면 곧 신하가 기쁘하게 된다。한 사람을 공경하는데 천만인(千萬人)이 기쁘하게 되니、공경하는 대상은 적은데 기쁘하게 되는 사람은 많은 것이다。이것을 두고 「중요한 도(要道)」라 말하는 것이다。』

子曰、「敎民親愛엔、莫善於孝하고、敎民禮順①엔、莫善於悌②하며、移風易俗③엔、莫善於樂하고、安上治民엔、莫善於禮니라。

禮者는、敬而已矣라。故④敬其父則子悅하고、敬其兄則弟悅하며、敬其君則臣悅하니

라。敬一人而千萬人悅하니、所敬者寡而悅者衆이니라。此之謂要道也니라。」

〔**註**〕① **禮順**(예순)：예의와 공순함。예의와 순종。② **悌**(제)：그대로 弟로도 쓰며、아우로서 형을 섬기는 도리。형제간의 우애。③ **移風易俗**(이풍역속)：풍속을 좋은 방향으로 옮기고 습속을 좋게 바꾸는 것。사회 풍속을 아름답게 순화시키는 것。④ **故**(고)：固와 통하여、본시。

〔**解義**〕《효경》에 첫 장에서 〈효〉를 「중요한 도〔要道〕」라 표현하였는데、여기서는 다시 그 「중요한 도」의 내용을 자세히 설명하고 있다。장명인 「광요도(廣要道)」는 「요도(要道)의 내용을 넓히어 설명한다」는 뜻。

〈효〉는 부모와 자식 사이의 친애(親愛)의 정을 바탕으로 한 것이기 때문에、〈효〉를 널리 펴나가면 모든 사람들에게 서로 친하고 서로 사랑하는 법을 가르치게 된다。그리고 〈효〉가 이루어지면 형제간의 우애인 〈제(悌)〉도 자연히 이룩된다。《논어(論語)》 학이(學而)편에서 유자(有子)가 「효제(孝悌)라는 것은 인(仁)을 행하는 근본이 되는 것」이라 설파했던 것도 〈효〉와 〈제〉는 같은 성질의 것으로 생각하였기 때문이다。이 〈제〉라는 형제간의 우애가 세상에 널리 행해지게 되면 사람들의 마음은 자연히 예의를 지키고 공순하게 행동하려 들게 된다。

한편 〈효〉는 친애하는 정을 바탕으로 하기 때문에、이러한 감정은 아름다운 음악과 훌륭한 예의를 이룩하게 한다。이 아름다운 음악이 사회의 풍속을 순화시켜 주고、예의가 위 아래의 질서를 이룩하여 세상을 평화롭게 하는 것은 물론이다。유가에서 이 예(禮)와 악(樂)을 가지고서 그들의 이상인 덕치(德治)를 이룩하려 했던 것도 그 때문이다。

그리고 예의를 바탕으로 한 공경하는 마음가짐과 행동은 이를 보고 듣는 모든 사람들의 마음을 기쁘게 한다。 한 사람을 공경하더라도 이에 따라 기뻐하는 사람은 수없이 많게 된다。 그래서 온 세상은 평화롭고 행복한 사회가 되는 것이다。

이처럼 〈효〉는 예를 낳고、 예는 사람들을 공경케하여 세상을 평화로 이끈다。 〈효〉는 예 뿐만이 아니라 인류의 행복을 증진시키는데 큰 도움이 되는 친애하는 마음이나 훌륭한 음악 같은 것도 낳는다。 그래서 《효경》 첫머리에 〈효〉를 「요도(要道)」라는 말로 표현했던 것이다。

제十三장 광지덕(廣至德)

~〈효〉는 왜 지극한 덕인가?~

공자께서 말씀하시었다.

『군자가 〈효〉로써 가르친다는 것은 집집마다 찾아가 매일 사람들을 만나서 하는 것이 아니다. 효로써 가르친다는 것은 천하의 사람들의 아비된 사람을 공경하도록 하는 것이고, 우애로써 가르친다는 것은 천하의 사람들의 형이 된 사람을 공경하도록 하는 것이며, 신하 노릇을 가르친다는 것은 천하의 사람들의 임금이 된 사람을 공경하도록 하는 것이다.

《시경》에 이르기를, 「화락하고 점잖으신 군자여, 백성들의 부모실세」라 하였다. 지극한 덕이 아니라면 그 누가 백성들을 이처럼 위대하게 따르도록 할 수가 있겠는가?』

子曰, 「君子之敎以孝也는, 非家至①而日見之②也니라. 敎以孝는, 所以敬天下之爲人父者也요, 敎以悌는, 所以敬天下之爲人兄者也요, 敎以臣③은, 所以敬天下之爲人君者也니라.

詩④云, 『愷悌⑤君子여, 民之父母로다』라하니. 非至德이면, 其孰能順民如此其大者乎아?」

〔**註**〕 ① **家至**(가지) : 집집마다 찾아가는 것。 ② **日見之**(일견지) : 매일 가르칠 사람들을 만나는 것。
③ **臣**(신) : 신하 노릇。 신도(臣道)。 ④ **詩**(시) : 《시경》 대아(大雅) 형작(泂酌)편에 보이는 귀절。
⑤ **愷悌**(개제) : 愷는 화락(和樂)의 뜻, 悌는 점잖은 것。 豈弟라고도 쓴다。

〔**解義**〕 여기서는 첫 장에서 〈효〉를 「지극한 덕〔至德〕」이라 표현한 말을 다시 되풀이하여 설명하고 있다。 〈효〉는 매우 「지극한 덕」이기 때문에, 곧 형제간의 우애를 이룩하게 하고 임금과 신하 사이의 〈충〉을 이룩하게 한다는 것이다。 그리고 백성들에게 〈효〉를 가르치고 세상에 〈효〉의 교화를 편다는 것은, 그 사람이 나서서 직접 사람들을 만나 하는 것이 아니라는 것이다。 자기 자신이 〈효〉를 행하고 있으면 사람들이 보고 듣고는 자연스럽게 그를 따르게 된다는 것이다。 임금이 정치를 잘 하게 되면 《시경》에서 말했듯이 백성들은 그를 부모로서 우러르게 되는데, 이것도 그 임금이 〈효〉라는 지극한 덕을 실천하고 있기 때문이라는 것이다。

제十四장 광양명(廣揚名)

~〈효〉는 왜 이름을 남기게 하나?~

子曰、「君子之事親孝라、故로忠可移於君①이오、事兄悌라、故로順可移於長이오、居家②理라、故로治可移於官이니라。是以로行成於內③하고、而名立於後世矣니라。

공자께서 말씀하시었다。

『군자는 어버이를 〈효〉로써 섬기기 때문에 〈충〉을 임금에게 옮기어 행할 수가 있고、형을 우애로써 섬기기 때문에 공순함을 위 어른에게 옮기어 행할 수가 있으며、평소에 집안을 잘 다스리기 때문에 그 다스림을 관(官)으로 옮기어 행할 수가 있다。그래서 그의 행실이 안에서 이루어지고、이름이 후세에까지 세워지게 되는 것이다。』

〔**註**〕① **忠可移於君**(충가이어군)：〈충〉을 임금에게 옮길 수가 있다。그러나 실은 「〈효〉를 임금에게로 옮기어 〈충〉을 행할 수 있게 된다」는 뜻。이하의 경우도 같음。② **居家**(거가)：평소 집안에서。집안에 있을 적에。③ **內**(내)：이 「안」이란 무엇에 대한 안인지 분명치 않다。학자에 따라 집안이라 보기도 하고、또 나라 안、심지어는 자기 안으로 보는 이도 있다。

〔**解義**〕 장명 「광양명(廣揚名)」이 뜻하듯이 첫 장의 「후세에 이름을 드날리게 된다〔揚名於後

世」」고 한 말에서, 그 「양명(揚名)」이란 실제로 어떤 내용의 말인가를 설명한 글이다.

이 대목도 앞 장들의 〈효〉의 원리를 「이름을 드날리는」 방향으로 돌리어 해설했을 따름이다. 〈효〉는 〈충〉을 행하게 만들고, 다시 〈우애〉와 〈공순함〉을 행하게 만든다. 곧 집안을 〈효〉로써 잘 다스리던 방법을 그는 자기 벼슬자리에도 적용하여 사회도 잘 다스리게 된다. 그러니 〈효〉를 이룩한 사람은 다른 모든 덕행(德行)도 이룩하게 되고, 결과적으로는 큰 공을 이루어 후세에까지도 영원히 이름을 드날리게 된다는 것이다.

제十五장 간쟁(諫諍)

~〈효〉는 올바로 간해야 한다~

증자가 여쭈었다.

『자애(慈愛)와 공경(恭敬) 및 어버이를 편안하게 해드리고 이름을 날리는 것 같은 것에 대하여는 이미 가르침을 들었읍니다. 감히 여쭙건대, 자식으로서 아버지의 명령을 좇기만 하면 〈효〉라고 말할 수가 있겠읍니까?』

공자께서 말씀하시었다.

『그게 무슨 말이냐, 그게 무슨 말이냐? 옛날에도 천자에게 다투어 간하는 신하 일곱 명만 있으면 비록 무도(無道)하다 하더라도 그의 천하를 잃지 않았었고, 제후에게 다투어 간하는 신하 다섯 명만 있으면 비록 무도하다 하더라도 그의 나라를 잃지 않았었으며, 대부(大夫)에게 다투어 간하는 신하 세 명만 있으면 비록 무도하다 하더라도 그의 집안을 잃지 않았었다. 사(士)에게 다투어 간해주는 친구가 있다면 그의 몸에서 아름다운 명성이 떠나지 않을 것이며, 아버지에게 다투어 간하는 아들이 있다면 그 자신은 불의(不義)에 빠지지 않을 것이다. 그러므로 의롭지 않은 일에 당면하면 곧 자식으로서는 아버지에게 다투어 간하지 않아서는 안되는 것이며, 신하로서는 임금에게 다투어 간하지 않아서는 안되는 것이다. 그러므로 의롭지 않은 일에 당면하면 곧 그에 대하여 다투어 간하여야만 한다。아버지의 명령만을 좇아가고서야 어찌 〈효〉가 이룩될 수 있겠는가?』

曾子曰、「若夫慈愛恭敬과、安親揚名은、則聞命①矣니이다。敢問하나니다子從父之令이면、可謂孝乎니까?」

子曰、「是何言與②아、是何言與아? 昔者에天子有爭臣③七人이면、雖無道라도、不失其天下요、諸侯有爭臣五人이면、雖無道라도、不失其國이오、大夫有爭臣三人이면、雖無道라도、不失其家니라。士有爭友면、則身不離於令名④하고、父有爭子면、則身不陷於不義니라。故로當不義면、則子不可以不爭於父요、臣不可以不爭於君이니라。故로當不義면、則爭之니라。從父之令이、又焉得爲孝乎아?」

〔**註**〕 ① **聞命**(분명) : 교명(敎命)을 들었다。가르침을 들었다。② **是何言與**(시하언여) : 이게 무슨 말인가? 상대방의 말이 어처구니가 없어 부정하는 뜻을 나타냄。③ **爭臣**(쟁신) : 다투어 간하는 신하。윗사람의 옳지 못한 판단을 위험을 무릅쓰며 올바른 도리로써 간하는 사람。爭은 장명에 보이는 諍과 통한다。④ **令名**(영명) : 아름다운 명성。훌륭한 이름。

〔**解義**〕 여기의 장명인 「간쟁(諫諍)」은 윗사람의 잘못된 생각이나 행위에 대하여 아래 사람으로서 올바른 도리를 내세워 설득시키는 것을 뜻한다。윗사람이 임금인 경우에는 목숨마저도 거는 행위라서 「다툰다(諍 또는 爭)」는 말로 그러한 올바르면서도 용감한 행위를 표현한 것같다。

이 장에서는 중요한 〈효〉의 개념의 다른 한 가지 특징을 발견하게 된다. 곧 부모의 뜻이라고 해서 무조건 따르는게 〈효〉가 아니라는 것이다. 아무리 부모라 하더라도 올바르지 못한 생각을 갖거나 그릇된 행동을 할 적에는 자식으로서 올바른 도리를 내세워 설복시키는 것이 〈효〉라는 것이다. 부모님의 생각이 무섭고 독단적이라 하더라도 이롭지 않은 것을 그대로 보고 있는 것은 자식으로서의 도리가 아니라는 것이다.

이러한 〈효〉에 있어서의 〈간쟁(諫諍)〉의 개념은 밖으로 임금이나 윗사람 또는 친구들에 대하여도 적용된다. 따라서 아무리 부모의 뜻이라 하더라도 올바른 도리에 벗어나지 않도록 해야만 〈효〉가 된다는 것이다. 곧 이롭지 못하고 옳지 못한 〈효〉란 생각할 수도 없는 성질의 것이다.

제十六장 감응(感應)

～〈효〉에 대한 신명(神明)의 감응～

공자께서 말씀하시었다.

『옛날에 명철한 임금들은 아버지를 〈효〉로써 섬겼기 때문에 하늘을 섬김에 밝게하였고, 어머니를 〈효〉로써 섬겼기 때문에 땅을 섬김에 잘 살폈었다. 어른과 아이들이 도리를 따랐기 때문에 위 아래가 잘 다스려 졌고, 하늘과 땅을 잘 밝히고 살피어서 신명(神明)을 드러나게 하였다.

그러므로 비록 천자라 하더라도 반드시 더 존귀한 분이 계시니 그것은 아버지가 있음을 말하는 것이며, 반드시 선배가 있는 것이니 그것은 형들이 있음을 말하는 것이다. 종묘(宗廟)에 가서 공경을 다하는 것은 어버이를 잊지 않기 때문이며, 몸을 닦고 행실을 삼가는 것은 선조들에게 욕되는 일이 있을까 두려워하기 때문이다. 종묘에 가서 공경을 다하면 조상의 귀신이 드러나게 된다.

〈효〉와 우애의 지극함은 신명(神明)에게도 통하고, 온 세상에 빛나서 통용되지 않는 바가 없게 되는 것이다.

《시경》에 이르기를, 「서쪽으로부터 동쪽에 이르기까지 남쪽으로부터 북쪽에 이르기까지 복종치 않으려는 이가 없다」고 하였다.』

子曰、「昔者에明王은、事父孝라、故로事天明①하고、事母孝라、故로事地察②하니라。長幼順③하니、故로上下治하고、天地明察하여、神明④彰⑤矣니라。故로雖天子라도、必有尊也하니、言有父也요、必有先也하니、言有兄也니라。宗廟致敬⑥은、不忘親也요、脩身愼行은、恐辱先也니라。宗廟致敬이면、鬼神⑦著⑧矣니라。孝悌之至는、通於神明하고、光于四海하여、無所不通이니라。詩⑨云、『自西自東하며、自南自北하여、無思不服이라』하니라。」

〔註〕① **事天明**(사천명)：하늘을 섬김에 밝게 하였다. 하늘의 도를 밝히었음을 뜻함. 《역경(易經)》설괘전(說卦傳)에 「건(乾)은 하늘이니 그래서 아버지라 부른다」「건(乾)은 하늘도 되고 아버지도 된다」하였으니, 아버지를 섬기는 일이 하늘을 섬기는 일과 통할 수 밖에 없다. ② **事地察**(사지찰)：땅을 섬김에 잘 살피다. 땅의 이치를 잘 살피는 것. 《역경》설괘전(說卦傳)에 「곤(坤)은 땅이니 그래서 어머니라 부른다」「곤(坤)은 땅도 되고 어머니도 된다」하였으니, 어머니를 섬기는 일은 땅을 섬기는 일과 통할 수 밖에 없는 것이다. ③ **順**(순)：순조롭다. 도리를 잘 따르다. ④ **神明**(신명)：하늘과 땅의 신(神)들. ⑤ **彰**(창)：밝히다. 밝게 들어나다. 하늘과 땅의 신명이 사람들의 정성과 올바른 행위를 밝게 살피어 그에게 복을 내려 줌을 뜻한다. ⑥ **致敬**(치경)：공경을 다하다. 정성껏 제사를 지내는 것을 뜻함. ⑦ **鬼神**(귀신)：돌아가신 조상들의 신령(神靈). ⑧ **著**(저)：나타나다. 여기서는 조상들의 신령이 내려와 제사를 잘 받아 잡숫는 것을 뜻한다. ⑨ **詩**(시)：《시경》대아(大雅) 문왕유성(文王有聲)편에 보이는 귀절.

〔**解義**〕 지극한 〈효〉는 하늘의 도나 땅의 이치에도 통하는 것이어서, 〈효〉를 통해 사람들 만

이 평화롭고 행복하게 잘 살게 될 수 있을 뿐만이 아니라 하늘과 땅의 신명(神明)까지도 거기에 감응(感應)하여 〈효〉를 행하는 사람에게 복을 내려 주게 된다는 것이다。

그리고 〈효〉는 살아계신 부모를 잘 모시는 것 뿐만이 아니라 돌아가신 부모나 조상들에 대하여도 공경한 마음으로 제사를 드려야 함을 뜻한다。 따라서 사람들이 정성껏 제사를 드리면 조상들의 영혼도 기뻐하며 제사를 받을 것은 물론, 그의 자손들이 행복하도록 도울 것이다。

이처럼 지극한 〈효〉는 천지 신명에게도 통하고 돌아간 분들의 신령에게도 통하여, 온 세상에 펴지게 되는 것이다。 그 때문에 그러한 위대한 〈효〉를 이룩한 사람이 있다면 세상의 모든 사람이 그를 우러르고 따르게 된다는 것이다。 다시 말하면 〈효〉는 사람들에게만 통하는 것이 아니라 천지 신명까지도 감응(感應)케 하는 힘을 가진 위대한 것이라는 것이다。

제十七장 사군(事君)

～〈효〉로써 임금을 섬기는 원리～

공자께서 말씀하시였다.

『군자가 임금을 섬김에 있어서는 조정에 나아가서는 〈충〉을 다할 것을 생각하고 집으로 물러나서는 잘못을 고칠 것을 생각하며, 임금의 아름다운 뜻에는 순종하고 임금의 그릇된 생각은 바로잡아 주는 것이다. 그래서 위 아래가 서로 친애(親愛)할 수가 있게 되는 것이다.

《시경》에 이르기를, 「마음으로 친애하니 멀리 떨어져 있어도 멀어지지 않고, 마음 속에 언제나 품고 있으니 어찌 하루인들 잊을손가?」고 하였다.』

子曰, 「君子之事上也엔, 進①思盡忠하고, 退②思補過③하며, 將④順其美하고, 匡救⑤其惡이니라。故로上下能相親也니라。

詩⑥云, 『心乎愛矣어늘, 遐不謂⑦矣오, 中心藏之⑧어늘, 何日忘之리오』라하니라?」

〔註〕 ① **進**(진)：조정에 나아가다。직장에 나아가다。 ② **退**(퇴)：집으로 물러나는 것。 ③ **補過**(보과)：잘못을 고치다。여기서는 뒤의 문장과의 연결을 생각할 때 「임금의 잘못을 고쳐주는 것」으로 봄이 좋겠다。 ④ **將**(장)：行과 뜻이 통함。 ⑤ **匡救**(광구)：잘못을 「바로잡아 다시 못하게 하는 것」。

⑥ **詩**(시) : 《시경》 소아(小雅) 습상(隰桑)편에 보이는 귀절。 ⑦ **遐不謂**(하불위) : 멀리 떨어져 있어도 문제가 아니다。 몸은 멀리 있어도 마음은 멀리 있지 않다。 그러나 주희(朱熹)는 《시집전(詩集傳)》에서 遐를 何와 통하는 뜻으로 보고 「어찌 말하지 않으리?」의 뜻으로 이 귀절의 대의를 잡았다。 그러나 《효경》에서의 인용은 《모전(毛傳)》의 해석과 같은 뜻으로 생각하고 했을 것이다。 ⑧ **藏之**(장지) : 친애의 마음을 잘 간직하고 있는 것。

〔**解義**〕 이 장에서는 〈효〉로써 임금을 섬기는 법을 다시 한번 구체적으로 해설하고 있다。 조정에 나아가 직접 일을 할 적에는 〈효〉를 바탕으로 한 〈충〉을 다하고、 집으로 물러나와서도 언제나 임금의 결함을 보충해 드리는 방법을 성실히 생각하여야 한다는 것이다。 그럼으로써 훌륭한 일은 더욱 발전하고 잘못된 일은 즉시 바로잡힐 수가 있다。 그리고 이처럼 정성을 다할 때 임금과 신하는 서로 친애(親愛)의 정을 지닐 수가 있다는 것이다。 《시경》에서 노래했듯이 언제나 임금을 사랑하는 마음을 지니고、 성의를 다하여 일하는 것이 임금을 모시는 데 있어서의 〈효〉의 길이라는 것이다。

제十八장 상친(喪親)

~부모 사후의 〈효〉~

공자께서 말씀하시었다.

『효자가 어버이의 상(喪)을 당하면 곡을 하되 쓸데 없는 소리를 내지 않고, 예를 차리는데 있어서는 용의(容儀)를 따지지 않으며, 말하는데 있어서는 화려한 수식을 하지 않는다. 아름다운 옷을 입으면 불안하고, 음악을 들어도 즐겁지 않으며, 맛있는 음식을 먹어도 달지 않으니, 이것은 슬픈 정 때문이다.

사흘만에 음식을 먹는 것은 백성들에게 죽은 이 때문에 산 사람을 상케 하지 않고, 수척한 나머지 목숨을 잃지 않도록 가르치기 위한 것이니, 이것이 성인(聖人)의 정치인 것이다.

복상(服喪)을 삼 년 넘지 않게 하는 것은 백성들에게 끝장이 있음을 보여 주려는 것이다. 관(棺)과 덧관과 수의(壽衣)와 염포(殮布)를 마련하여 시신(屍身)을 잘 싸고, 제기(祭器)를 벌여 놓고서 그분을 슬퍼하며, 가슴 치고 발을 구르며 곡을 하며 슬픔 속에 영구(靈柩)를 내보내고, 무덤 자리를 고른 다음 편안히 그분을 모신다.

그리고는 종묘(宗廟)를 만들어 그분의 신을 모시며, 봄 가을로 제사를 지내어 때때로 그분을 사모하는 것이다.

살아서는 사랑과 공경으로 섬기고, 죽어서는 슬픔으로 섬기면 살아있는 백성으로서의 본분을 다하게 되는 것이니, 이에 죽음과 삶의 의리(義理)가 다 갖추어지고, 효자로서 어버이를 섬기는 일이 끝나게 되는 것이다.』

子曰, 「孝子之喪親也엔, 哭不偯①하고, 禮不容②하며, 言不文③하니라. 服美不安④하고, 聞樂不樂하며, 食旨⑤不甘하나니, 此哀戚⑥之情也니라.

三日而食⑦은, 敎民無以死傷生하고, 毁不滅性⑧이니, 此聖人之政也니라.

喪不過三年⑨은, 示民有終也니라. 爲之棺椁衣衾⑩而擧之⑪하고, 陳其簠簋⑫而哀慼之⑬하며, 擗踊⑭哭泣하여, 哀以送之하고, 卜⑮其宅兆⑯하여, 而安措⑰之하니라.

爲之宗廟⑱하여, 以鬼享之⑲하고, 春秋祭祀하여, 以時思之니라.

生事愛敬하고, 死事哀慼이면, 生民之本盡矣니, 死生之義備요, 孝子之事親終矣니라.」

〔註〕 ① **哭不偯**(곡불의) : 偯는 여성(餘聲). 일부러 내는 울음 소리. 따라서 「곡은 하되 쓸데 없이 길게 소리를 내어 울음소리를 내지는 않는다」는 뜻. ② **禮不容**(예불용) : 예를 차리되 자기 용모나 차림새에는 신경을 쓰지 않는다는 뜻. ③ **言不文**(언불문) : 말을 함에 있어 문식(文修)을 하지 않는다. 곧 아름답게 꾸미는 말을 하지 않는다는 뜻. ④ **服美不安**(복미불안) : 아름다운 옷을 입는 것을 불안하게 생각하다. 그래서 상복(喪服)을 입었던 것이다. ⑤ **旨**(지) : 맛있는 음식. ⑥ **戚**(척) : 슬픔. 慼(척)과 같음. ⑦ **三日而食**(삼일이식) : 부모의 상을 당하면 곧 굶다가 염(斂)을 끝내고 사흘만에야 죽을 먹는게 보통이었다. ⑧ **毁不滅性**(훼불멸성) : 毁는 부모가 돌아가시어 슬픔에 몸이 수척해 지는

것、滅性은 본성을 망치다、곧 목숨을 잃는 것。⑨ **三年**(삼년)：부모의 상을 당하면 자식으로서 삼년 복상하는 것이 태고적부터의 풍습이었다。그래서 공자도 「삼 년 상을 천하에 통용되는 예」(《논어》 양화(陽貨)편」라 하였다。⑩ **棺椁衣衾**(관곽의금)：棺은 나무로 짠 관、椁은 槨으로도 쓰며 관을 다시 넣는 덧관。衣는 죽은 이에게 염을 할 때 입히는 수의(壽衣)、衾은 시체의 이불 역할을 하는 염포(殮布)。옛날에는 죽은 지 이틀 만에 죽은 이의 몸을 깨끗이 씻기고 수의를 입힌 다음 염포로 싸서 잘 묶은 다음 관에 넣었다。⑪ **擧之**(거지)：시체를 염(殮)을 한 다음 들어서 관에 잘 모시는 것。⑫ **簠簋**(보궤)：본시는 대나무로 만든 제기(祭器)。簠는 모양이 모나고、簋는 모양이 둥글었는데 모두 제물을 담는 데 썼었다。⑬ **哀慼之**(애척지)：그를 슬퍼하다。제물을 차려 놓아도 부모님은 나타나시지 않으므로 더욱 슬퍼한 것이다。⑭ **擗踊**(벽용)：가슴을 치고 발을 구르는 것。영구를 내보낼 때 남자는 발을 구르고 여자는 가슴을 치면서 슬퍼했다 한다。⑮ **卜**(복)：본시는 거북점을 치는 것。옛날 중국에서는 중대한 일을 결정할 때에는 반드시 거북점이나 역점(易占)을 쳤다。여기서는 「신중히 고르는 것」。⑯ **宅兆**(택조)：본시 宅은 묘혈(墓穴)、兆는 영역(營域)을 가리킴。여기서는 「무덤자리」의 뜻。⑰ **措**(조)：잘 묻고 무덤을 만드는 것。⑱ **宗廟**(종묘)：중국에는 천자로부터 사(士)에 이르는 신분의 집안에는 모두 종묘가 있어 조상들의 신위(神位)를 모시었다。따라서 삼년 상을 치른 다음 신주(神主)를 종묘로 모시고 그때부터는 조상들과 함께 신으로써 제사를 지내었다。⑲ **以鬼享之**(이귀향지)：부모를 신으로써 제사지내는 것。

〔**解義**〕 여기서는 부모님이 돌아가신 다음에 〈효〉를 행하는 방법에 대하여 해설하고 있다。〈효〉는 부모가 살아계실 때나 마찬가지로 돌아가신 뒤에도 역시 중요한 것이다。〈효〉가 부모의 은혜에 대한 감사와 부모와 자식간의 친애의 정을 바탕으로 본인의 정성을 통하여 이루어지는 것이라면、부모가 눈 앞에 계시거나 돌아가셨거나 간에 〈효〉는 그대로 계속되는 수밖에 없을 것이다。부모가 돌아가셨다고 해서 그 은혜가 없어지고 부모에 대한 친애의 정이 살아

지지는 않을 것이기 때문이다。

여기에서는 부모가 돌아가신 뒤의 자식으로서 곡하는 법、말과 행동을 하는 법에서 시작하여、염(殮)을 하여 장사를 지낸 다음 제사를 지내는 방법에 이르기까지 간략하게 설명되고 있다。〈효〉는 이처럼 사후의 모든 일에까지 빈틈 없는 성의가 가하여질 때、생전의 〈효〉와 합쳐져 비로소 완성이 된다는 것이다。

논어(論語)에 보이는 공자(孔子)의 효론(孝論)

《논어(論語)》에 보이는 공자(孔子)의 효론(孝論)

1

유자(有子)가 말하였다。『그 사람됨이 효도와 우애(友愛)를 다하면서도 윗사람을 범하기를 좋아하는 사람은 드물다。윗사람을 범하기 좋아하지 않으면서도 난을 일으키기 좋아하는 자는 있은 일이 없다。군자는 근본에 대하여 힘써야 하는 것이니、근본이 서야만 올바른 도(道)가 생긴다。효도와 우애라는 것은 인(仁)을 행하는 근본이 되는 것이다。』

有子①曰、「其爲人也孝弟②요、而好犯上③者、鮮④矣니。不好犯上이오、而好作亂者、未之有也니라。君子務本⑤이니、本立而道生하나니。孝弟也者는、其爲仁之本與인저!」〔학이(學而)편〕

〔註〕① **有子**(유자) : 공자의 제자。성이 有、이름은 약(若)、노(魯)나라 사람。② **孝弟**(효제) : 孝는 효도、弟는 형제 간의 우애、悌로도 쓴다。③ **犯上**(범상) : 윗사람을 범하다。윗사람을 거역하다。④ **鮮**(선) : 드물다。⑤ **務本**(무본) : 근본에 힘쓰다。

〔**解義**〕유자는 효도와 우애가 인(仁)의 근본임을 밝히고 있다。이는 집안에서의 효도와 우애의 정신을 밖에까지도 확충(擴充)해 나감으로써 온 세상에 올바른 기풍을 이룩하려 했던 공자의 정신을 계승한 것이다。《효경》에서 「효란 덕의 근본이다〔夫孝者、德之本也。〕」고 말한

것도 바로 그 때문이다。

2 공자께서 말씀하셨다。『젊은이들은 들어와서는 효도를 하고 나가서는 우애(友愛)를 지키며、근신하고 신의를 지키고、널리 여러 사람들을 사랑하며 인(仁)을 친근히 하여야 한다。이렇게 하고도 남는 힘이 있으면 곧 학문을 공부하는 것이다。』

子曰、「弟子①入則孝하고、出則弟하며、謹而信하며、汎愛衆하되、而親仁이니。行有餘力이어든、則以學文②이니라。」〔학이(學而)편〕

〔**註**〕① **弟子**(제자) : 여기서는 후생(後生)의 젊은이들。② **文**(문) : 육경(六經) 같은 글。곧 지금의 학문(學問)。

〔**解義**〕여기서는 효를 바탕으로 한 공자의 실천주의(實踐主義)를 밝히고 있다。무엇보다 집안에서 효를 행한 뒤 그 감정을 넓히어 밖에 나가서는 친구나 동료들과 잘 지내고 모든 사람을 사랑하는 인(仁)을 이룩해야 한다는 것이다。이러한 정신 수양이 학문보다도 더 중요한 일이라는 것이다。

3 자하가 말했다。『어진 사람을 어질게 여기며 여색(女色)을 경시하고、부모를 섬김에 제 힘을 다할 줄 알며、임금을 섬김에 제 몸을 바칠줄 알며、벗들과 사귐에 자기 말의 신의를 지키면、비록 공부하지 않았다 하더라도 나는 반드시 그를 가리켜 공부한 사람이

라 하겠다。』

子夏①曰、「賢賢②하되易色③하며、事父母하되能竭其力하며、事君하되能致其身④하며、與朋友交하되、言而有信이면、雖曰未學이라도、吾必謂之學矣라 하리라。」〔학이(學而)편〕

〔**註**〕 ① **子夏**(자하) : 공자의 제자。성은 복(卜)、이름은 상(商)、자가 자하임。 ② **賢賢**(현현) : 앞의 것은 동사、뒤의 것은 명사。곧 현명한 사람을 현명하게 받드는 것。 ③ **易色**(역색) : 여색(女色)을 좋아하는 마음을 바꾸다。여색을 경시한다。 ④ **致其身**(치기신) : 그의 몸을 바치다。제 몸을 희생시키다。

〔**解義**〕 여기서도 자하는 공자의 학문의 실천주의적 경향을 밝히고 있다。학문에 있어서는 글을 배우는 것보다도 도덕적인 수양이 더욱 중요하다는 것이다。그리고 도덕면에 있어 효도는「제 힘을 다해야만 하는 것」임을 강조하고 있다。

4

증자가 말하였다。『부모의 상을 신중히 치루고 선조의 제사를 잘 모시면、백성의 덕이 돈후(敦厚)하게 될 것이다。』

曾子曰、「愼終①追遠②이면、民德이歸厚③矣리라。」〔학이(學而)편〕

〔**註**〕 ① **愼終**(신종) : 마지막을 삼가다。부모의 상을 신중히 치루다。 ② **追遠**(추원) : 먼 조상들을 추모하다。조상들의 제사를 잘 모시다。 ③ **歸厚**(귀후) : 돈후함으로 돌아가다。돈후해 지다。

〔解義〕 〈효〉란 살아계신 부모 뿐만이 아니라, 돌아가신 부모님들의 상을 삼가 잘 치루고 조상들의 제사를 잘 모시는 일도 그 중요한 요건의 하나라고 생각했던 것이다.

5 공자께서 말씀하셨다. 『부친이 생존하실 적에는 그분의 뜻을 알 수 있고, 돌아가신 다음엔 그 분의 행실을 알 수가 있다. 삼년 동안 선친의 도를 고치지 않는다면 〈효〉라고 할 수가 있을 것이다.』

子曰, 「父在에, 觀①其志요, 父沒②에, 觀其行이나. 三年을無改於父之道라야, 可謂孝矣니라.」 〔학이(學而)편〕

〔註〕 ① **觀**(관) : 살피다. 드러나다. 알게 되다. ② **沒**(몰) : 죽다. 돌아가다.

〔解義〕 부친이 생존해 계실 적에는 자식을 통하여 아버지의 뜻이 드러나고, 돌아가신 다음에는 다시 자식을 통하여 아버지의 행실이 드러난다. 그것은 자식이란 아버지의 뜻과 가르침을 따라 살아가기 때문이다. 그러기에 아무리 자식이 아버지보다 훌륭하다 하더라도 아버지가 돌아가신 뒤 적어도 삼년 동안은 선친의 뜻을 따라 살아가는 것이 〈효〉라는 것이다.

6 맹의자가 〈효〉에 대하여 묻자, 공자께서 『어기지 않는 것이다』라고 대답하셨다. 번지가 수레를 몰고 있었는데 공자께서 그에게 말씀하셨다. 『맹손이 나에게 〈효〉를 묻기

에、나는 어기지 않는 것이라고 대답하였다。』 번지가 『무슨 뜻입니까?』하고 묻자 공자께서 말씀하셨다。『부모가 살아계실 적에는 예로써 섬기고、돌아가시면 예로써 장사를 지내고 예로써 제사를 묘셔야 한다는 것이다。』

孟懿子①問孝한대。子曰、「無違②니라。」樊遲③御④러니、子告之曰、「孟孫⑤이問孝於我어늘。我對曰、無違라 하니라。」樊遲曰、「何謂也니꼬?」子曰、「生事之以禮하며、死葬之以禮하며、祭之以禮니라。」〈위정(爲政)편〉

〔註〕① **孟懿子**(맹의자) : 노(魯)나라의 대부(大夫)로 이름은 하기(何忌)。 계손씨(季孫氏)·숙손씨(叔孫氏)와 함께 노나라의 세도를 부리던 맹손씨(孟孫氏) 집안 사람。 ② **無違**(무위) : 어기지 말라。 뒤의 문맥으로 보아 〈예〉를 어기지 말라는 뜻。 ③ **樊遲**(번지) : 공자의 제자、이름은 수(須)、노나라 사람。 ④ **御**(어) : 수레를 모는 것。 ⑤ **孟孫**(맹손) : 여기서는 맹의자를 가리킴。

〔解義〕 공자는 제자들의 질문에 대답하고 그들을 가르칠 때 언제나 상대방의 성격에 알맞는 대답이나 교육방법을 택하였다。 맹의자는 노나라의 세도가(勢道家)로서 예에 어긋나는 짓을 멋대로 하던 사람 중의 하나였으므로、공자는 특히 〈효〉에 있어서도 〈예〉를 지킬 것을 강조하고 있는 것이다。《논어》를 보면(특히 八佾편) 이들 세도가들이 비례무도(非禮無道)한 짓을 하는 데 대한 공자의 분노가 여러 곳에 표현되어 있다。

7 맹무백이 〈효〉에 대하여 묻자, 공자께서 말씀하셨다. 『부모에게는 오직 그의 병만을 가지고 걱정을 끼쳐야 한다.』

孟武伯①問孝한대. 子曰, 「父母는, 唯其疾之憂시니라.」〔위정(爲政)편〕

〔註〕 ① **孟武伯**(맹무백) : 앞에 나온 맹의자의 아들, 이름은 체(彘).

〔解義〕 병만은 사람의 힘으로 어쩔 수가 없는 것이다. 자기의 병 이외의 다른 일로는 절대로 부모에게 걱정을 끼쳐 드리지 않는게 〈효〉라는 것이다.

그러나 주희(朱熹)는 「사서집주(四書集註)」에서 공자의 말을 『부모는 오직 자식의 병을 걱정한다』고 풀고 있다. 그러니 자식된 사람은 자기 몸을 잘 간수하여 병에 걸리지 않도록 하는 것이 〈효〉라는 것이다. 《효경》에서도 증자는 『신체와 머리 피부는 모두 부모에게서 받은 것이니 감히 손상시키지 않는 것이 〈효〉의 시작이다〔身體髮膚, 受之父母, 不敢毁傷, 孝之始也.〕』고 말하고 있다.

8 자유가 〈효〉에 대하여 묻으니, 공자께서 말씀하셨다. 『근자에는 효도를 부양하는 것만으로 생각하나, 개와 말에 이르기까지도 모두 부양을 하고 있다. 공경하지 않으면 무엇으로 구별하겠는가?』

子游①問孝한대. 子曰, 「今之孝者는, 是謂能養이니, 至於犬馬하여도, 皆能有養이니

라。不敬이면、何以別乎리오?」〈위정(爲政)편〉

〔註〕① **子游**(자유)：공자의 제자。성은 언(言)、이름은 언(偃)、오(吳)나라 사람。

〔解義〕〈효〉란 물질적인 봉양만으로 이루어지는게 아니다。거기에는 부모를 공경하는 정성이 함께 깃들어야 된다는 것이다。

9

자하가 〈효〉에 대하여 물으니、공자께서 말씀하셨다。『부모님의 기색을 살피어 옳게 모시기가 어렵다。일이 있으면 젊은이들이 그 노고를 맡고、술과 음식이 있으면 어른에게 드리는데、이것만으로 효도라 할 수 있겠느냐?』

子夏問孝한대。子曰、「色難①이니。有事어든、弟子②服其勞③하고、有酒食이어든、先生④饌⑤이、曾⑥是以爲孝乎아?」〈위정(爲政)편〉

〔註〕① **色難**(색난)：부모의 기색을 살피어 거기에 따라 잘 모시기가 어렵다。주희(朱熹)는「집주(集註)」에서「부드럽고 기쁜 안색으로 부모를 섬기기가 어렵다」고 풀이하였다。② **弟子**(제자)：자제들。집안의 젊은이들。③ **服其勞**(복기로)：그 수고를 다하다。④ **先生**(선생)：부형들。집안의 어른들。⑤ **饌**(찬)：식사하다。⑥ **曾**(증)：곧。바로。

〔解義〕여기서도 〈효〉란 물질적인 봉양이나 힘에 의한 봉사만으로 이루어지는 것이 아님을 강조하고 있다。부모의 기색을 살피어 그에 따라 적절히 행동한다는 것은 정말 쉽지 않은 일일 것이다。주희(朱熹)의 해설대로 언제나 부드러운 얼굴빛을 하고 부모를 섬기기도 쉽지 않

을 것이다. 〈효〉란 일정한 형식보다도 부모와 자식 사이의 미묘한 관계가 모두 원만히 돌아가도록 되어야만 한다는 것이다.

10 계강자가 물었다. 『백성으로 하여금 공경스럽고 〈충〉되며 부지런히 힘쓰게 하려면 어떻게 하면 되겠습니까?』 공자께서 말씀하셨다. 『백성을 장중(莊重)하게 대하면 공경스러워지고, 〈효〉와 자애(慈愛)를 행하게 하면 〈충〉되게 되고, 선인(善人)을 등용하고 무능한 사람을 가르쳐 주면 부지런히 힘쓰게 될 것이다.』

季康子①問, 「使民敬忠以勸②한대, 如之何이꼬?」 子曰, 「臨之以莊③則敬하고, 孝慈則忠하고, 擧善而敎不能則勸이니라.」〔위정(爲政)편〕

〔註〕 ① **季康子**(계강자) : 노(魯)나라의 대부, 계손씨(季孫氏) 집안 사람. 이름은 비(肥). 노나라 세도가 중의 한 사람이었다. ② **勸**(권) : 권면(勸勉)하다. 부지런히 힘쓰다. ③ **莊**(장) : 장중(莊重)함. 용모와 행동이 단정하고 위엄이 있는 것.

〔**解義**〕 지배자가 백성으로 하여금 자기에게 〈충〉을 다하도록 하려면, 먼저 백성들이 자식은 〈효〉를 다하고 부모는 자애롭도록 만들어야 한다는 것이다. 공자는 이처럼 〈충〉과 〈효〉는 불가분의 관계에 있는 것이라고 생각했던 것이다.

11 어떤 사람이 공자에게 물었다。『선생님께서는 왜 정치를 하지 않으십니까?』 공자께서 대답하셨다。『《서경》에 이르기를、「효도하라! 오로지 효도하고 형제에게 우애로움으로써 그것을 시정(施政)에 반영시켜라」 하였다。 이것도 역시 정치를 하는 것이니、어찌 따로 정치를 할 것이 있겠소?』

或이謂孔子曰、「子奚①不爲政이시니이꼬?」 子曰、「書②云、『孝乎인저! 惟孝하며、友于兄弟하여、施於有政이라하니。』 是亦爲政이니、奚其爲爲政이리오。」〔위정(爲政)편〕

〔**註**〕 ① **奚**(해) : 어찌하여。何。 ② **書**(서) : 《서경(書經)》 주서(周書) 군진(君陳)편〔僞古文〕에 보이는 글。

〔**解義**〕 덕(德)으로 다스리는 세상에 있어서의 정치는 벼슬하는 것만이 정치를 하는 것이 아니다。 사회에 〈효〉를 바탕으로한 올바른 윤리를 세우는 것도 정치참여라는 것이다。 왜냐하면 개인의 〈효〉나 〈우애〉같은 덕을 온 세상에 펴 나가는 데서 덕치(德治)가 이루어지기 때문이다。

12 공자께서 조상을 제사지낼 적에는 조상이 앞에 계신 듯이 하였고、신을 제사지낼 때에는 신이 앞에 있는 듯이 하셨다。 공자께서 말씀하셨다。『내가 제사에 참여하지 않는 것은 제사를 지내지 않는 것과 같다。』

祭如在①하시며、祭神如神在러시다。 子曰、「吾不與祭②면、如不祭니라。」〔팔일(八

佾)편〕

〔**註**〕① **如在**(여재)：조상이 직접 앞에 계신 것。② **不與祭**(불여제)：제사에 참여하지 않는 것。

〔**解義**〕여기서는 공자가 제사지내는 태도에 대하여 가르치고 있다。제사를 지낼 때에는 직접 살아계신 부모님을 모시듯 하여야 한다는 것이다。따라서 자기가 직접 제사를 지내지 않고 남을 시켜 지내는 것은 무의미하다는 것이다。여기서도 공자의 〈효〉에 대한 개념의 일면을 엿볼 수 있다。

13 공자께서 말씀하셨다。『부모를 섬김에 있어 잘못은 슬쩍 간하고、나를 따르지 않을 기미가 보이더라도 여전히 공경하여 부모 뜻을 어기지 않아야 하며、수고로워도 원망하지 말아야 한다。』

子曰、「事父母하되、幾諫①이니、見志②不從하고、又敬不違③하며、勞而不怨이니라。」

〔이인(里仁)편〕

〔**註**〕① **幾諫**(기간)：幾는 微(미)의 뜻으로、잘 모르게 슬쩍하는 것。따라서 슬쩍 잘못을 간하는 것。② **見志**(견지)：뜻을 나타내다。기미를 보이다。③ **不違**(불위)：부모 뜻을 어기지 않는 것。

〔**解義**〕여기서는 공자가 〈효〉를 행하는 방법을 설명하고 있다。부모는 잘못하는 일이 있더라도 자식이 정면으로 부모에게 항의해서는 안된다。참고 부모의 뜻을 따르면서 부모의 잘못

을 슬며시 지적하며 고쳐드리도록 해야 한다는 것이다。

14 공자께서 말씀하셨다。『부모님이 계시면 먼 길을 떠나지 말것이며、집을 떠나게 되면 반드시 행방을 알려야 한다。』

子曰、「父母在어시든、不遠遊하며、遊必有方①이니라。」〔이인(里仁)편〕

〔**註**〕① **有方**(유방) : 일정한 방향이 있어야 한다。곧 행방을 알리고 그대로 갔다 와야만 한다는 뜻。

〔**解義**〕이것도 부모에게 걱정을 끼쳐드리지 않기 위한 자식으로서의 일상적인 〈효〉의 한 방법이다。

15 공자께서 말씀하셨다。『삼년 동안 선친의 도를 고치지 않아야만 〈효〉라고 할 수 있다。』

子曰、「三年無改於父之道라야、可謂孝矣니라。」〔이인(里仁)편〕

〔**解義**〕같은 말이 앞 학이(學而)편 글에 이미 나왔으니 참고하기 바람。

16 공자께서 말씀하셨다. 『부모의 나이는 알아두지 않으면 안된다. 한편으로는 수하심을 기뻐하고, 한 편으로는 노쇠하심을 두려워하기 때문이다.』

子曰, 「父母之年은, 不可不知也니. 一則以喜①오, 一則以懼②니라.」〔이인(里仁)편〕

〔**註**〕 ① **以喜**(이희) : 나이를 기억함으로써 수하심을 기뻐하는 것. ② **以懼**(이구) : 나이를 기억함으로써 노쇠하심을 두려워하는 것.

〔**解義**〕 이것도 일상적인 〈효〉의 방법을 설명한 말이다.

17 공자께서 말씀하셨다. 『군자가 어버이에게 독실하면 백성들 사이에 인(仁)이 진작(振作)되고, 옛 친구를 버리지 않으면 백성들이 박절하지 않게 된다.』

子曰, 「君子篤於親①, 則民興於仁하고, 故舊를不遺②, 則民不偸③니라.」〔태백(泰伯)편〕

〔**註**〕 ① **篤於親**(독어친) : 어버이에게 독실히 하다. 곧 부모에게 효도를 행하다. ② **故舊不遺**(고구불유) : 옛 친구를 버리지 않다. 곧 친구들 사이에 우애를 지키다. ③ **偸**(투) : 투박(偸薄). 박절.

〔**解義**〕 여기의 군자는 지배계층의 지식인들을 뜻한다. 지배계층의 사람들이 먼저 〈효〉와 제(弟) 곧 우애를 실행하면 자연 그 덕행이 널리 영향을 미쳐 온 백성이 인(仁)해지고 돈후(敦

厚)해진다는 것이다。 이것이 바로 덕치(德治)이다。

18

증자가 병이 나자 제자들을 불러놓고 말하였다。『내 발을 펴 보아라、내 손을 펴 보아라。《시경》에 「전전 긍긍하기를 깊은 연못 가에 서 있듯、얇은 얼음을 밟고 가듯 한다」했다。이제부터는 내 격정을 면하게 되었음을 알겠다、얘들아!』

曾子有疾하사、召門弟子曰、「啓①予足하며、啓予手하라。詩②云、戰戰兢兢③하여、如臨深淵하며、如履④薄冰이라하니。而今而後에야、吾知免⑤夫로다、小子아!」〈태백(泰伯)편〉

〈註〉 ① **啓**(계)：벌리다。펴다。 ② **詩**(시)：《시경》 소아(小雅) 소민(小旻)시에 보이는 귀절。 ③ **戰戰兢兢**(전전긍긍)：두려워하고 조심하는 모양。 ④ **履**(리)：밟다、밟고 가다。 ⑤ **免**(면)：두려워하고 조심하며 자기의 몸을 간수하던 걱정을 면하는 것。

〈解義〉 증자는 《효경》에서 「신체와 머리칼 피부는 모두 부모에게서 받은 것이니 감히 손상시키지 않는 것이 〈효〉의 시작이다」고 말하고 있다。 자기 몸을 삼가 조심하여 조금도 손상받는 일 없이 잘 간수하는 것이 〈효〉의 출발이라는 것이다。 자기 몸은 부모에게서 물려받은 것이니 잘 간수하여야만 한다는 성의(誠意)는 정성껏 부모를 섬길 수 있는 마음가짐의 바탕이 되기 때문이다。 이 말을 할 때 증자는 병이 들어 곧 죽게 될 것임을 스스로 알고 있었다。 이러한 증자의 행위는 자신의 〈효〉를 마지막으로 점검한다는 뜻도 있지마는 자기 제자들에게 올바른 〈효〉를 가르친다는 데에 더 큰 의의가 있다고 느껴진다。

19 공자께서 말씀하셨다。『〈효〉스럽다、민자건이여! 그의 부모형제들이 칭찬하는 말에 남들이 이의(異議)를 제기하지 못한다。』

子曰、「孝哉라、閔子騫①이여! 人不間②於其父母昆弟③之言이로다。」〔선진(先進)편〕

〔註〕 ① **閔子騫**(민자건) : 공자의 제자。성이 민、이름은 손(損)、자가 자건(子騫)。 ② **間**(간) : 다른 말을 하다。이의를 제기하다。이간질을 하다。 ③ **昆弟**(곤제) : 형제。昆은 맏。

〔解義〕 공자의 제자 중 민자건은 증자와 함께 〈효〉에 있어 쌍벽(雙璧)을 이룬다。스승인 공자조차도 이처럼 그의 〈효〉를 노골적으로 칭찬하고 있는 것이다。

20 자로가 물었다。『가르침을 들으면 곧 그것을 행해야 합니까?』 공자께서 대답하셨다。『부형이 계시는데 어떻게 가르침을 들었다고 바로 행하겠느냐?』 다시 염유가 물었다。『가르침을 들으면 곧 그것을 행해야 합니까?』 공자께서 이번에는 『들으면 곧 그것을 행하라。』고 대답하셨다。

이에 공서화가 말하였다。『자로가 「들으면 즉시 그것을 행할가요?」하고 물었을 때에는 「부형이 계시다」고 하시더니、염유가 「들으면 곧 그것을 행할가요?」하고 물었을 때에는 「들으면 곧 그것을 행하라」고 대답하셨읍니다. 저는 어리둥절하여 감히 그 이유를 여쭈어 보고자 합니다.』 공자께서 대답하셨다. 『구(염유)는 소극적이어서 그를 밀어준 것이고, 유(자로)는 남 두 몫은 적극적이어서 그를 물러서게 한 것이다.』

子路①問, 「聞斯②行諸③니꼬?」 子曰, 「有父兄在하니, 如之何其聞斯行之리오?」 冉有④問, 「聞斯行諸니까?」 子曰, 「聞斯行之니라.」 公西華⑤曰, 「由也問에, 聞斯行諸어늘, 子曰, 有父兄在라 하시고, 求也問에, 聞斯行諸어늘, 子曰, 聞斯行之라 하시니. 赤也惑하여, 敢問하나이다.」 子曰, 「求也⑥退, 故로進之하고, 由也兼⑦人, 故로退之하라 하니다.」 〔선진(先進)편〕

〔註〕 ① **子路**(자로) : 공자의 제자. 성은 중(仲), 이름은 유(由), 자는 자로, 또는 계로(季路). 공자의 제자중 성격이 직선적이고 용감하기로 유명하다. ② **斯**(사) : 이에. 곧. 則. ③ **行諸**(행저) : 그것을 실행하다. ④ **冉有**(염유) : 공자의 제자. 성은 염, 이름은 구(求), 유자(有子)라고도 불렀음. ⑤ **公西華**(공서화) : 공자의 제자. 성은 공서, 이름은 적(赤), 자가 자화(子華)임. ⑥ **退**(퇴) : 퇴보적, 소극적. ⑦ **兼人**(겸인) : 남 두 몫이다. 남보다 두 몫 적극적이라는 뜻.

〔**解義**〕 이 장의 내용은 본시 제자의 성격에 발맞추어 교육하는 공자의 교학방법(敎學方法)을 보여주는 것이다. 그러나 공자의 〈효〉에 대한 개념의 일면도 엿볼 수 있다. 곧 부모형제가 계실 적에는 옳다고 생각되는 일이라도 자기 멋대로 행해서는 안된다. 부형의 뜻에 거슬리거나 부형에게 걱정을 끼치는 일이 있어서는 안된다고 생각했기 때문이다.

21

제나라 경공이 공자에게 정치에 관하여 질문하자, 공자께서 말씀하셨다. 「임금은 임금다와야 하고, 신하는 신하다와야 하며, 아버지는 아버지다와야 하고, 자식은 자식다와야 합니다.』 경공이 말하였다. 『훌륭한 말입니다! 정말로 임금이 임금답지 못하고, 신하가 신하답지 못하며, 아버지는 아버지답지 못하고, 자식은 자식답지 못하다면, 비록 곡식이 있다한들 내가 먹을 수 있게 되겠읍니까?』

齊景公①問政於孔子한대。 孔子對曰、「君君②、臣臣、父父、子子니이다。」 公曰、「善哉! 信如③君不君하며、臣不臣하며、父不父하며、子不子면、雖有粟④이나、吾得而食諸아?」〔안연(顔淵)편〕

〔**註**〕 ① **齊景公**(제경공) : 제나라 경공(B·C·五四七~四八七)。 영공(靈公)의 아들。 ② **君君**(군군) : 앞의 것은 명사, 뒤의 것은 동사(이하 모두 같음)。 곧 임금이 임금답다。 임금이 임금 노릇을 제대로 하다。 ③ **信如**(신여) : 진실로 만약……。 ④ **粟**(속) : 조。 여기서는 곡식。

〔**解義**〕 여기서도 〈충〉과 〈효〉가 정치의 기본이 됨을 역설하고 있다。「임금은 임금답고, 신하는 신하답다」는 것은 〈충〉의 현상이고, 「아버지는 아버지답고, 자식은 자식답다」는 것은 〈효〉의 현상인 것이다。

22

섭공이 공자에게 말하였다. 『우리 마을에 직궁이라는 행실이 곧은 사람이 있었는데, 그의 아버지가 양을 훔친 사실을 자식으로서 증언했읍니다.』 공자께서 말씀하셨다. 『우리 마을의 강직한 사람은 그와 다릅니다. 아버지는 자식을 위해 숨기고, 자식은 아버지를 위해 숨기는데, 강직함이 그런 가운데 있읍니다.』

葉公①語孔子曰、「吾黨②有直躬③者하니。其父攘④羊이어늘、而子證之하니이다。」孔子曰、「吾黨之直者는、異於是하니。父爲子隱하며、子爲父隱하나니。直在其中矣니라。」〔자로(子路)편〕

〔註〕 ① **葉公**(섭공) : 초(楚)나라 속령(屬領)의 섭이라는 작은 나라 임금. 성은 심(沈), 이름은 제량(諸梁), 자는 자고(子高). 《논어》에는 그와의 대화가 여러 곳에 보인다. ② **黨**(당) : 마을. 옛 행정단위로는 一二五호(戶)를 黨이라 하였다. ③ **直躬**(직궁) : 행실이 곧은 것. 여기서는 행실이 강직한 사람의 이름으로 빌어 썼음. ④ **攘**(양) : 훔치다.

〔解義〕 여기서는 〈효〉를 행하는데 있어서의 부모와 자식 사이의 미묘한 관계를 설명해 준다. 부모와 자식 사이란 자연스런 지극히 친밀한 관계이다. 부모가 잘못을 저질렀다 하더라도 자식으로서는 직접 부모에게 대들거나 부모를 고발할 수는 없는 것이다. 육친 사이의 사랑을 부정하고 나면 진정한 〈효〉는 이루어질 수 없는 것이기 때문이다.

23

재아가 물었다。『삼 년의 상은 기한이 너무 오래입니다。군자가 삼 년 예를 지키지 못하면 예는 반드시 무너질 것이고、삼 년 음악을 못하면 음악이 반드시 붕괴될 것입니다。이미 묵은 곡식은 없어지고 햇곡식이 나며、수나무를 비벼 불씨를 얻는 데도 나무 종류가 완전히 바뀌어지는 기간이니、복상도 일년으로 끝내는 것이 좋겠읍니다。』『공자께서 말씀하셨다。『일년만에 쌀밥을 먹고 비단 옷을 입는 것이 네 마음에 편하겠느냐?』『편합니다。』『네가 편하거든 그렇게 해라。원래 군자란 상중에는 맛있는 것을 먹어도 달지 않고、음악을 들어도 즐겁지 않고、편히 있어도 편하지 않기 때문에 그렇게 하지 않는 것이다。그러나 이제 네 마음이 편하다면 그렇게 해라。』

재아가 나가자 공자께서 말씀하셨다。『여(재아의 이름)는 인(仁)하지 못하구나。자식은 나서 삼년이 되어야 부모의 품에서 벗어난다。삼년의 상은 천하에 공통된 상례이다。여도 자기 부모로부터 삼년 동안 사랑을 받았을 터인데!』

宰我①問、「三年之喪이、期已久矣로소이다。君子三年、不爲禮면、禮必壞하고、三年、不爲樂이면、樂必崩하리니。舊穀既沒②하고、新穀既升③하며、鑽燧改火④하니、期可已⑤矣로소이다。」子曰、「食夫稻하며、衣夫錦이、於女安乎아?」曰、「安하이다。」「女安則爲之하라。夫君子之居喪에、食旨不甘하며、聞樂不樂하며、居處不安이라、故로不爲也하나니。今女安、則爲之하라。」

宰我出커늘、子曰、「予之不仁也여。子生三年、然後에免於父母之懷하나니。夫三年

之喪은、天下之通喪也니。予也有三年之愛於其父母乎아!」〔양화(陽貨)편〕

〔註〕① **宰我**(재아) : 공자의 제자。성이 재、이름은 여(予)、자가 자아(子我)에서 재아라고도 부른다。노(魯)나라 사람。② **沒**(몰) : 없어지다。들어가다。③ **升**(승) : 올라오다。나다。④ **鑽燧改火**(찬수개화) : 鑽燧는 움푹한 나무를 마찰시켜서 불을 얻는 것。改火는 계절에 따라 마찰시키는 나무의 종류를 바꿈을 뜻한다。⑤ **期可已**(기가이) : 期는 한 돐、일년、일년으로 끝맺어도 좋다는 뜻。

〔解義〕 여기에서는 공자의 삼년상(三年喪)에 대한 견해가 잘 나타나 있다。사람들이 부모가 돌아가셨을 때 삼년 동안 복상(服喪)을 하는 것은 부모의 은혜를 생각하는 자연스러운 정에서 그렇게 하는 것이라는 것이다。상례 뿐만이 아니라 〈효〉 자체가 부모의 사랑에 대한 자연스러운 반응으로써 이루어져야 한다고 공자는 언제나 생각하고 있었다。싫은 데도 억지로 부모를 봉양하고、억지로 복상을 하는 것은 〈효〉가 아닌 것이다。

24

자장이 말하였다。『선비는 위급함을 보면 생명을 걸고、이득을 보면 의로움을 생각하고、제사 때에는 공경할 것을 생각하고、상사(喪事)에는 애통함을 생각하여야만 될 것이다。』

子張曰、「士見危致命하며、見得思義하며、祭思敬하며、喪思哀면、其可已矣니라。」

〔자장(子張)편〕

〔解義〕 여기서도 자장이 제사는 공경히 지내고、상사(喪事)는 애통 속에 치루어야 함을 강조

하고 있다。 부모의 생전의 은혜를 잊지 않는다면 제사지낼 때에는 자연히 공경스러워지고 상을 치를 때에는 자연히 애통하게 될 것이다。 그래야만 참다운 〈효〉가 완성되는 것이다。 제사나 상사는 형식보다도 치루는 사람의 마음가짐이 가장 중요한 것이다。

25

자유가 말하였다。『상을 치룸에 있어서는 슬픔을 다하면 그만이다。』

子遊曰、「喪致乎哀而止니라。」〔자장(子張)편〕

〔解義〕 여기서도 자유가 부모의 상을 부모를 잃은 슬픔을 다하는데 그 뜻이 있음을 강조하고 있다。 상사에 허례(虛禮)는 필요가 없는 것이다。

26

증자가 말하였다。『내가 선생님에게서 들은 말씀인데、 사람은 자신의 정성을 다하지 못하지만 부모의 상에는 반드시 다한다고 하셨다。』

曾子曰：「吾聞諸夫子하니、人未有自致①者也나、必也親喪乎인저！」〔자장(子張)편〕

〔註〕 ① **自致**(자치)：자신의 정성을 다하는 것。

〔解義〕 여기서도 부모의 상은 자신의 정성을 다하여 치루어야함을 강조하고 있다。

27

증자가 말했다. 『내가 선생님에게서 들은 말씀인데, 맹장자의 효는 다른 점은 아무나 가능하다손 치더라도, 그가 선친의 가신(家臣)과 선친의 정책을 고치지 않았던 점은 남들이 하기 어려운 것이라 하셨다.』

曾子曰、「吾聞諸夫子하니、孟莊子①之孝也는、其他可能也어니와、其不改父之臣②與父之政이、難能也라 하시니라。」〔자장(子張)편〕

〔註〕 ① **孟莊子**(맹장자) : 노(魯)나라의 대부(大夫), 이름은 속(速), 그의 아버지의 헌자(獻子 : 이름은 蔑)도 매우 현명하고 덕이 있었다. ② **臣**(신) : 가신(家臣). 대부의 집안에는 그의 채읍(采邑)을 다스리는 가신이 모두 따로 있었다.

〔**解義**〕 이 말은 앞 학이(學而)편에서 「아버지가 돌아가신 뒤에 삼 년간을 두고 선친의 도를 고치지 않는다면 〈효〉라 할 수 있다〔父沒、三年無改於父之道、可謂孝矣。〕」고 한 말을 실례를 들어 부연(敷衍)한 것이다.

新完譯 **忠經 · 孝經**

初版 發行●1985年 2月 20日
重版 發行●1999年 6月 30日

譯著者●金 學 主
發行者●金 東 求

發行處●明 文 堂
서울특별시 종로구 안국동 17~8
대체 010041-31-0516013
전화 (영) 733-3039, 734-4798
(편) 733-4748
FAX 734-9209
등록 1977. 11. 19. 제1~148호

값 6,000원
ISBN 89-7270-598-5 93140